La Lluvia Tardía:
Desatando los Dones para el Tiempo Final

Mariangeli Morauske

COPYRIGHT © 2025 Mariángeli Morauske.
Mariángeli Morauske, MD, MACP., MAPM., Ch., afirma el derecho moral a ser identificada como la autora de esta obra.

Editada por Mariangeli Morauske
Diseño gráfico y composición: Mariangeli Morauske
Diseño de Portada: Mariangeli Morauske
Imagen de portada: I.A.., No corresponde a personas reales

Impreso en los Estados Unidos de América.
Todos los derechos reservados.
Pie de imprenta: Publicado de forma independiente.

Ninguna parte de este libro puede ser reproducida, almacenada en un sistema de recuperación o transmitida en cualquier forma o por cualquier medio, ya sea electrónico, mecánico, fotocopia, grabación, escaneo u otro, sin el permiso previo por escrito del autor, a excepción de las citas breves utilizadas en reseñas críticas o artículos. El permiso se puede solicitar poniéndose en contacto con el autor por correo electrónico a endtimessequence@aol.com.

A menos que se indique lo contrario, todas las citas de las Escrituras son tomadas de la Santa Biblia Reina-Valera 1960 ® © Sociedades Bíblicas en América Latina, 1960. Renovado © Sociedades Bíblicas Unidas, 1988. Utilizado con permiso.

Las citas de Elena G. de White son de la colección en línea de sus escritos disponible en: www.egwwritings.org. *Copyright © 2025 by the Ellen G. White Estate, Inc. Usado con permiso. Todos los derechos reservados.*

Inglés: Edición actualizada
ISBN: 979-8-89965-954-6 Cobertura Suave

Español: Edición actualizada
ISBN: 979-8-89965-959-1 Cobertura Suave

Tabla de contenido

Dedicatoria vii

Prefacio ix

Prólogo 1

Capítulo 1 – Los Dones y la Iglesia: El Cuerpo de Cristo en Movimiento 3

Capítulo 2: Acerca de los dones espirituales 19

Capítulo 3: La distribución de los dones 41

Capítulo 4: Descripción de los dones espirituales. 73

Capítulo 5: La dinámica de los dones espirituales 87

Capítulo 6: El descubrimiento de los dones espirituales 117

Capítulo 7: El desarrollo de los dones espirituales 133

Capítulo 8: El descubrimiento de los dones espirituales 147

   Cuestionario I 152

      Tabla I 154

   Cuestionario II 163

      Tabla II 177

Epílogo: Preparados para la lluvia tardía 181

Conoce el Autor 187

Bibliografía 191

La Lluvia Tardía

Dedicatoria

A mi querida hermana, **Jeanine Valenzuela,**

Tu vida es un testimonio vivo de la gracia y el poder del Espíritu Santo. Desde siempre, he visto en ti una entrega genuina, una fe inquebrantable y una disposición humilde para permitir que Dios moldee y desarrolle los dones que Él ha depositado en ti.

Cada palabra que pronuncias, cada acto de amor que realizas, cada momento en el que sirves con pasión y entrega, reflejan la obra del Espíritu en ti. **Tus dones no han sido guardados, sino multiplicados para la gloria de Dios y la edificación de Su Iglesia.**

Has sido una luz, una voz de sabiduría y un instrumento de bendición para quienes tienen el privilegio de conocerte. **Tu sensibilidad espiritual, tu discernimiento y tu amor por la obra del Señor han impactado vidas de maneras que solo el cielo puede medir.**

Hoy, con gratitud y admiración, dedico estas palabras a ti, **como un reconocimiento a la fidelidad con la que has permitido que el Espíritu Santo desarrolle en ti Su propósito.** Que Dios continúe guiándote, fortaleciendo tu llamado y usando tu vida como un canal de Su gloria.

La Lluvia Tardía

La Lluvia Tardía

Prefacio

"No quiero, hermanos, que ignoréis acerca de los dones espirituales" (1 Corintios 12:1). Con estas palabras contundentes, el apóstol Pablo abre una puerta hacia una de las verdades más poderosas del Nuevo Testamento: los dones del Espíritu no son un lujo opcional, sino un elemento esencial en la vida cristiana y en la misión final de la Iglesia. En un tiempo en donde el materialismo ha sofocado la urgencia misionera, y donde la iglesia lucha por mantenerse encendida, el tema de los dones espirituales se alza con renovada importancia.

Este libro no es simplemente una exposición doctrinal. Es un llamado, una preparación para el gran derramamiento del Espíritu Santo prometido para el tiempo del fin: la lluvia tardía. En sus páginas no solo encontrarás una definición clara de lo que son los dones espirituales, sino también descubrirás cómo identificarlos, desarrollarlos y ponerlos al servicio del cuerpo de Cristo.

Recorremos aquí, a la luz de la Biblia y los escritos inspirados de Elena G. de White, las distintas carismas del Espíritu Santo, su relación con el fruto del Espíritu, con los talentos naturales, con los oficios eclesiásticos y con las responsabilidades comunes de la vida cristiana. También advertimos sobre la peligrosa proliferación de los seudo-dones en la era de la confusión espiritual, y presentamos criterios bíblicos para discernir la autenticidad de una manifestación espiritual.

Cada capítulo ha sido escrito con el anhelo de activar, fortalecer y alinear al pueblo de Dios con su misión final: predicar el evangelio eterno a toda nación, tribu, lengua y pueblo. Esta misión no será completada con estrategias humanas, sino con el poder sobrenatural del Espíritu que actúa a través de sus dones. Cuando la Iglesia despierte a esta realidad, el mundo conocerá la gloria de Dios. La lluvia tardía no es un evento futuro distante: es una experiencia pendiente, lista para caer sobre corazones vacíos de sí y llenos de Dios.

Que este libro sea para ti una herramienta de activación, una guía de discernimiento, y un fuego que arda en tu interior. Porque el mismo Espíritu que derramó poder en Pentecostés, está listo para llenar de nuevo a su pueblo. Y tú, ¿estás listo para recibirlo?

La Lluvia Tardía

Prólogo

Los cielos están a punto de abrirse. En el escenario de los últimos días, la historia del mundo se precipita hacia su desenlace profético, y en medio de ese escenario final, se escucha una promesa persistente: Dios derramará su Espíritu Santo como lluvia tardía sobre su pueblo fiel. Esta no es una lluvia cualquiera. Es una manifestación gloriosa del poder divino, que vendrá a capacitar, despertar y activar los dones espirituales que yacen dormidos en muchos corazones.

Vivimos en un tiempo profético. Las sombras del relativismo, la sequía espiritual y la apatía eclesiástica han oscurecido la pasión por la misión. Y, sin embargo, Dios no ha dejado a su Iglesia sin recursos. Al contrario: ha dispuesto un arsenal espiritual, y los dones del Espíritu Santo son parte esencial de esa provisión celestial. Esta obra ha sido escrita para rescatar ese mensaje, para redescubrir la maravilla de los carismas divinos y para equipar a cada lector con la luz y las herramientas necesarias para reconocer, activar y multiplicar los dones que Dios ha confiado a sus hijos.

Este libro no es una teoría más ni una exposición fría de conceptos doctrinales. Es una invitación ardiente, viva y urgente a participar de la experiencia más poderosa del tiempo del fin: ser llenos del Espíritu y ser usados por Él. En estas páginas hallarás una exposición clara sobre lo que realmente son los

La Lluvia Tardía

dones espirituales, cómo se distinguen de talentos, frutos y responsabilidades; cuántos hay, cómo operan, y por qué son fundamentales para la unidad, el crecimiento y la eficacia de la Iglesia de Cristo.

Además, nos adentraremos en las promesas más gloriosas de la Escritura, y exploraremos la poderosa conexión entre los dones y la lluvia tardía. Veremos que el derramamiento final del Espíritu no será un milagro espontáneo sin preparación, sino la respuesta de Dios a una Iglesia que ha despertado, que ha descubierto sus dones y los ha puesto al servicio del Reino.

La Lluvia Tardía no es un evento del futuro, es una realidad que comienza hoy, en tu vida, en tu corazón dispuesto, en tu deseo sincero de ser parte del último gran avivamiento. Es tiempo de prepararnos, de consagrarnos y de dejar que el Fuego del cielo nos moldee para su obra.

Mientras lees, ora. Mientras descubres, comprométete. Y mientras entiendes, permite que el Espíritu Santo transforme tu vida.

¡El cielo está por llover! Y Dios quiere usarte.

Capítulo 1 – Los Dones y la Iglesia: El Cuerpo de Cristo en Movimiento

Imagina por un momento que la Iglesia de Cristo no es simplemente un edificio o una institución fría, sino un cuerpo vivo y vibrante en el que cada persona tiene una función única y vital. Así como nuestro cuerpo humano necesita que todos sus órganos trabajen en armonía —que la sangre fluya desde el corazón en perfecta coordinación—, la Iglesia también depende de cada uno de nosotros para cumplir la misión a la que hemos sido llamados. La Palabra de Dios lo explica claramente:

"Porque así como el cuerpo es uno, y tiene muchos miembros, pero todos los miembros del cuerpo, siendo muchos, son un solo cuerpo, así también Cristo" (1 Corintios 12:12).

Esta imagen de unidad me conmueve profundamente, porque me recuerda que cada uno de nosotros ha sido equipado por el Espíritu Santo con dones que no nacen de nuestro talento natural ni son el resultado de un esfuerzo humano. Son regalos divinos, manifestaciones de la gracia de Dios, precisamente otorgados para edificar a Su pueblo y llevar a cabo Su obra en la tierra.

La Lluvia Tardía

Desde la antigüedad, la Biblia nos ha enseñado sobre la naturaleza de estos dones espirituales. No son simplemente habilidades heredadas o destrezas adquiridas, sino capacidades sobrenaturales que Dios derrama en nosotros para el servicio dentro de Su Iglesia.

Piensa en Moisés, llamado por Dios para liderar a Israel fuera de Egipto, en Bezalel y Aholiab, dotados para la magnífica tarea de construir el tabernáculo, en Pedro quien, en el día de Pentecostés, predicó con poder transformador, o en Pablo, cuyo ministerio de enseñanza y formación doctrinal marcó profundamente la vida de la Iglesia. Cada uno recibió no solo una tarea, sino una manifestación del Espíritu que los capacitó para servir de manera única.

Pablo nos ofrece una visión ordenada sobre los dones, distinguiendo entre aquellos de servicio (como profecía, enseñanza, exhortación, generosidad, liderazgo y misericordia), los sobrenaturales (como sabiduría, conocimiento, fe, sanidad, milagros, discernimiento, lenguas e interpretación de lenguas) y los ministeriales (apóstoles, profetas, evangelistas, pastores y maestros). Estos dones, lejos de ser una lista cerrada, son un testimonio de la infinita creatividad de Dios para operar en medio de Su familia.

La Lluvia Tardía

Al reflexionar sobre la metáfora del cuerpo, recordamos que cada miembro tiene un papel esencial:

"Pero ahora Dios ha colocado los miembros cada uno de ellos en el cuerpo, como él quiso" (1 Corintios 12:18,).

En la sociedad del mundo antiguo, especialmente en el contexto grecorromano, la vida era jerárquica y cada persona ocupaba un lugar fijo. La Iglesia primitiva rompió con esa estructura al proponer una comunidad donde la identidad y valor de cada individuo provenían de su pertenencia a Cristo, siendo todos iguales y necesarios. Hoy, sin embargo, nos enfrentamos a desafíos como el individualismo, el consumismo religioso y la fragmentación denominacional, que amenazan con debilitar esa poderosa imagen de unidad.

Elena G. de White, una voz profética y guía espiritual de nuestra historia reciente, nos recuerda:

"Dios ha dotado a su Iglesia con diversos talentos, y cada uno debe ser empleado para su gloria. La obra de Dios no avanza por el esfuerzo de unos pocos, sino por la cooperación de todos" (*El Conflicto de los Siglos*, p. 601).

La Lluvia Tardía

Ella subraya, además, la importancia de usar estos dones con humildad y en dependencia absoluta del Espíritu Santo:

"El verdadero éxito en la obra de Dios no depende de la elocuencia humana, sino de la presencia del Espíritu Santo en cada esfuerzo" (*El Camino a Cristo*, p. 75).

Estas palabras me animan a explorar, con sinceridad y apertura, cuál es el don que Dios me ha confiado y cómo puedo ponerlo a trabajar para bendecir a otros. Porque cuando cada miembro se compromete a actuar según la gracia recibida, la Iglesia se convierte en un organismo unido y vigoroso, en el que la interdependencia se convierte en la más poderosa manifestación del amor de Cristo.

Me gustaría invitarte a reflexionar personalmente y en comunidad:

Preguntas para Reflexión Personal:
1. ¿Qué dones espirituales has identificado en tu vida hasta ahora?

2. ¿De qué manera estás usando esos dones para edificar a la Iglesia y servir al prójimo?

3. ¿Sientes que estás permitiendo que el Espíritu Santo guíe tu servicio, o dependes más de tus propias habilidades?

4. ¿Cómo podrías evitar caer en la trampa del orgullo o la rivalidad en el uso de tus dones?

Preguntas para Discernimiento Comunitario:
1. ¿Nuestra comunidad de fe está promoviendo de manera equitativa el uso de los dones espirituales?

2. ¿Qué estrategias podríamos implementar para ayudar a los nuevos creyentes a descubrir y poner en práctica sus dones?

3. ¿Estamos más enfocados en estructuras organizativas o en permitir que el Espíritu Santo obre de forma libre en medio del cuerpo de Cristo?

Querido lector, al adentrarte en este camino de descubrimiento y acción, recuerda que la Iglesia es, en esencia, un cuerpo en movimiento—vivo, vibrante y lleno de esperanza. Cada don, cada talento, cada capacidad depositada por el Espíritu es un regalo sagrado destinado a fortalecer la unidad y a impulsar la misión global de Dios. ¿Cómo puedes tú, en tu caminar personal, hacer que tus dones brillen para la gloria de Dios y el crecimiento de su Iglesia? La invitación es clara: sé un colaborador activo y deja que el Espíritu fluya a través de ti.

La Lluvia Tardía

Que esta reflexión te inspire a servir con amor y a ser parte esencial de este maravilloso cuerpo en movimiento. ¡Dios te bendiga en tu viaje espiritual!

La Analogía del Cuerpo Humano: Unidad y Diversidad en la Iglesia

Imagina por un momento que la Iglesia es como un hermoso cuerpo humano, donde cada célula, cada órgano, cumple una función vital para mantener la vida en armonía. Yo mismo he sentido cómo, como miembro del cuerpo de Cristo, mi aporte tiene un significado que trasciende lo individual y se une a los demás para formar un organismo unido y vibrante. Pablo nos recuerda en 1 Corintios 12:12 que "porque así como el cuerpo es uno, y tiene muchos miembros, pero todos los miembros del cuerpo, siendo muchos, son un solo cuerpo, así también Cristo". Esta imagen me inspira a valorar tanto mis dones como los de los demás, sabiendo que ningún miembro es prescindible para la misión que Dios nos ha encomendado.

Desde mi experiencia personal, he aprendido que a veces caemos en el peligro de pensar que podemos vivir independientemente, sin necesitar del otro. La autosuficiencia espiritual no es sino una ilusión que piadosamente Pablo derrumba al decir: "Ni el ojo puede decir a la mano: No te necesito; ni tampoco la cabeza a los pies: No tengo necesidad de vosotros" (1 Corintios 12:21). He visto en mi propio caminar que cuando dejamos de apoyarnos mutuamente, la comunión se debilita y, como en un cuerpo, si falta un órgano, el funcionamiento total se ve comprometido.

He experimentado también cómo podemos caer en la trampa, de exaltar una parte sobre el todo. Creer que sólo un don o una función es más importante, genera división y orgullo, olvidando que la diversidad enriquece nuestro vivir comunitario. Y aún más sutil es el desprecio de aquellos dones menos visibles. Quizá, en ocasiones, nadie nota la intercesión silenciosa, la hospitalidad desinteresada o el servicio humilde; sin embargo, recordemos que "antes bien los miembros del cuerpo, que parecen más débiles, son los más necesarios" (1 Corintios 12:22). He tenido la bendición de ver cómo, en la simple entrega de un hermano en la hospitalidad o en la devoción de un equipo de intercesión, el Espíritu obra de manera poderosa en la edificación del cuerpo de Cristo.

La Biblia nos regala ejemplos inspiradores que ilustran esta diversidad y unidad. Considera a los constructores del Tabernáculo, Bezalel y Aholiab (Éxodo 35:30-35), quienes fueron dotados con habilidades artísticas para cumplir una obra sagrada; o a los diáconos de la Iglesia primitiva (Hechos 6:1-7), elegidos para administrar los recursos y cuidar de los necesitados. Incluso el trabajo en equipo de Pablo y sus colaboradores, mencionado en Romanos 16 (vivos matices de maestros, servidores y líderes), demuestra que cada rol, por diverso que parezca, es indispensable para llevar a cabo la misión de Dios.

Cristo es la Cabeza y el fundamento mismo de la Iglesia. Efesios 1:22 y Colosenses 1:18 nos recuerdan que Él lidera y sostiene todo. Por medio del bautismo, somos incorporados al cuerpo espiritual:

"Porque por un solo Espíritu fuimos todos bautizados en un cuerpo... y a todos se nos dio a beber de un mismo Espíritu" (1 Corintios 12:13).

En el contexto del mundo grecorromano, la cabeza representaba el centro del pensamiento y la autoridad; en nuestra Iglesia, llamar a Cristo "Cabeza" resalta su liderazgo absoluto, recordándonos que sin Él, la unidad y el funcionamiento integral se ven amenazados. Hoy, aunque enfrentamos desafíos como la centralización excesiva de liderazgo, la desconexión espiritual o la fragmentación doctrinal, la verdad de que somos un solo cuerpo en Cristo nos impulsa a buscar la unidad y la equidad en el servicio.

La sabia Elena de White profundizó en esta analogía, enfatizando que "la Iglesia de Cristo, aunque compuesta de muchos miembros, debe ser un cuerpo unido, trabajando en armonía para la gloria de Dios" (*El Conflicto de los Siglos*, p. 601). Ella también declaró, "Separados de Cristo, los miembros de la Iglesia no pueden cumplir su misión. Solo en Él encontramos la verdadera fuente de poder y dirección" (*El Camino a Cristo*, p. 75).

La Lluvia Tardía

Estas palabras me han recordado constantemente la importancia de depender de Cristo en cada aspecto de mi ministerio y de fomentar una interdependencia genuina en mi comunidad.

Para invitarte a reflexionar en tu caminar, te propongo algunas preguntas que pueden ayudarte a discernir y fortalecer tu compromiso con la unidad del cuerpo de Cristo:

Preguntas para Reflexión Personal:
¿Cómo puedo contribuir a la unidad del cuerpo de Cristo en mi vida y ministerio?

¿Reconozco la importancia de los dones menos visibles, como la intercesión y la hospitalidad?

¿Estoy permitiendo que Cristo sea verdaderamente la Cabeza de mi vida y de mi servicio, o dependo demasiado de mi propia fortaleza?

¿Qué actitudes debo cultivar para evitar la autosuficiencia y fomentar la interdependencia en la fe?

Preguntas para Discernimiento Comunitario:

¿Promueve nuestra comunidad de fe la participación equitativa de todos los miembros? ¿Cómo podemos ayudar a los creyentes a descubrir y usar sus dones para la edificación del cuerpo?

La Lluvia Tardía

¿Estamos apoyando la obra del Espíritu Santo en lugar de enfatizar estructuras organizativas rígidas?

Querido amigo o amiga, este estudio nos recuerda que la Iglesia es un organismo vivo, guiado por el Espíritu Santo y fortalecido por la diversidad de dones que Dios ha otorgado. Cada uno de nosotros tiene un papel fundamental en este cuerpo. Mi invitación es clara: comprometámonos a usar nuestros dones para la gloria de Dios y para el crecimiento de Su Iglesia, porque en esa unión y servicio, la misión de Cristo se hace realidad. ¿Cómo puedes hoy asegurarte de que tu don brille en perfecta armonía con el resto del cuerpo? Que esta reflexión te inspire a vivir una fe activa, interdependiente y vibrante en el amor de Cristo.

Dones para una Misión Urgente

Desde el principio comprendí que la Iglesia no es simplemente un edificio ni una estructura inmóvil: es un cuerpo vivo, en movimiento, en el que cada uno de nosotros cumple una función vital. En mí caminar con Cristo he aprendido que, así como nuestro cuerpo requiere la coordinación de sus órganos para latir, la Iglesia opera en perfecta armonía cuando cada miembro atiende a su llamado espiritual. La Palabra nos recuerda en 1 Corintios 12:12:

La Lluvia Tardía

"Porque así como el cuerpo es uno, y tiene muchos miembros, pero todos los miembros del cuerpo, siendo muchos, son un solo cuerpo, así también Cristo."

Esta imagen me conmueve y me desafía a reconocer que los dones que Dios deposita en cada uno de nosotros no son meros adornos o habilidades generales, sino manifestaciones concretas de la gracia divina destinadas a edificar a Su pueblo y a llevar la luz de Su verdad allá donde se encuentre la oscuridad.

Dones para una Misión Urgente
Jesús, en su infinita compasión y visión, no dejó a la Iglesia sin dirección ni sin poder. En su promesa nos reveló el secreto del cumplimiento de la misión:

"Pero recibiréis poder, cuando haya venido sobre vosotros el Espíritu Santo, y me seréis testigos... hasta lo último de la tierra" (Hechos 1:8).

Este poder no es genérico; se manifiesta a través de la multiplicidad de dones espirituales. Cada uno de ellos—la enseñanza, la intercesión, la hospitalidad, la profecía, la administración, la fe, la sanidad—tiene una función misionera muy precisa: anunciar las virtudes de Aquel que nos llamó de las tinieblas a su luz admirable (1 Pedro 2:9). En mi vida he visto cómo, al poner en acción estos dones, la Iglesia deja de ser apenas observadora de los acontecimientos

La Lluvia Tardía

del mundo para transformarse en protagonista del último y gran movimiento de redención.

Imagina que un avivamiento comienza en lo secreto, en el corazón de cada creyente dispuesto a dejar que el Espíritu obre en él; pronto se desatará un derramamiento, conocido en las Escrituras como la "lluvia tardía". Así como en la agricultura del antiguo Israel la lluvia tardía maduraba los cultivos para la cosecha final, el Espíritu capacitará a la Iglesia para una transformación premonitoria. Hoy, cuando la cultura secuestra la fe a través de la secularización y la indiferencia, debemos buscar fervientemente ese derramamiento que renueve nuestro compromiso misionero.

La Misión de la Iglesia y los Dones Espirituales

Los dones espirituales no son meros privilegios personales; son herramientas fundamentales para la misión del evangelio. Pablo nos enseña que cada don es dado "para provecho" (1 Corintios 12:7), es decir, para la edificación del cuerpo de Cristo y para expandir el evangelio en cada rincón del mundo. Recuerdo las enseñanzas de Jesús, cuya manera de predicar transformaba vidas por la autoridad que emanaba de Su palabra (Mateo 7:28-29), o cómo Moisés, a través del poder de la intercesión, evitó juicios divinos (Éxodo 32:11-14). También pienso en Lidia, cuyo don de hospitalidad convirtió su hogar en un centro de evangelización (Hechos 16:14-15), y en Agabo, cuya profecía permitió que la Iglesia se preparara ante momentos de crisis (Hechos 11:27-30).

Estas historias me recuerdan que, a cada uno de nosotros, Dios nos dota con capacidades específicas—ya sean para enseñar, interceder, acoger o profetizar—con el único fin de proclamar la victoria del Reino de Dios.

La Lluvia Tardía y el Poder del Espíritu Santo
La metáfora de la "lluvia" en la Palabra de Dios nos ha sido revelada como símbolo del derramamiento del Espíritu Santo. En la antigüedad, la lluvia temprana comenzaba el crecimiento y la lluvia tardía completaba la maduración de los cultivos. Así sucedió en Pentecostés (Hechos 2), cuando la primera lluvia llenó a la Iglesia de poder, y promete que una segunda, más abundante, llegará antes de la segunda venida de Cristo (Joel 2:23).

Hoy, muchos enfrentan la secularización, la indiferencia espiritual y la fragmentación doctrinal, desafíos que requieren urgentemente un renovado derramamiento del Espíritu. Apenas se manifiesten estos dones, veremos milagros, sanidades, conversiones masivas y un testimonio vibrante que proclame la gloria de Aquel que transformó nuestra oscuridad en luz.

La Lluvia Tardía

Elena de White y la Misión de los Dones
Elena de White, reconocida por su profunda visión espiritual, enfatizó que los dones son esenciales para la misión de la Iglesia. En *El Conflicto de los Siglos* escribió:

"Cuando los miembros de la Iglesia se consagren plenamente a la obra de Dios, el Espíritu Santo será derramado en medida abundante, y la obra de Dios avanzará con poder" (White, 1911, p. 601).

Además, nos recordó la importancia de preparar nuestros corazones en oración y fe, pues:

"La lluvia tardía vendrá sobre aquellos que, mediante la fe y la oración, han preparado sus corazones para recibirla" (White, 1892, p. 75).

Estas palabras resuenan en mi corazón cada día, recordándome que no debemos conformarnos con la pasividad, sino entregar cada don para la gloria de Dios y la expansión del Reino.

Reflexión y Discernimiento
En este llamado a una misión urgente, te invito a meditar en algunas preguntas que pueden guiarte en tu caminar:

Preguntas para Reflexión Personal:
- ¿Cómo puedes usar tus dones espirituales para la misión de la Iglesia en tu vida diaria?

- ¿Estás buscando activamente el derramamiento del Espíritu Santo en tu vida?

- ¿Qué pasos puedes tomar hoy para prepararte ante la inminente lluvia de un avivamiento global?

- ¿Qué obstáculos personales podrías estar enfrentando que impidan que el Espíritu obre con poder en ti?

Preguntas para Discernimiento Comunitario:

- ¿Está nuestra Iglesia enfocada en la misión o se ha distraído con asuntos secundarios?

- ¿Qué acciones concretas podemos emprender para fomentar un mayor compromiso con la evangelización y el servicio?

- ¿Estamos orando y trabajando juntos para recibir esa lluvia tardía que transformará nuestras comunidades?

- ¿Cómo podemos ayudar a cada creyente a descubrir y poner en práctica sus dones espirituales?

Querido hermano o hermana, cada uno de nosotros es vital para cumplir la misión de Cristo. La Iglesia nunca podrá alcanzar su máximo potencial sin el

La Lluvia Tardía

poder del Espíritu Santo obrando a través de nosotros. Te invito a que te abras a ese poder, que uses tu don para iluminar la oscuridad y que te conviertas en un testigo activo de la gracia transformadora de Dios. ¿Estás listo para ser parte de este gran movimiento de redención?

Que el Señor te bendiga y te guíe en cada paso de este emocionante y urgente viaje hacia la plena manifestación de Su Reino.

Capítulo 2: Acerca de los dones espirituales

Acerca de los Dones Espirituales

Hace unos años, mientras meditaba en la Palabra de Dios, comprendí que hablar de los dones espirituales no es lo mismo que hablar de habilidades humanas o talentos heredados. Es adentrarse en un terreno sagrado, en el lenguaje mismo del Espíritu, en la forma en que Dios equipa a Su pueblo para la obra más grande del universo: ser sus embajadores en la Tierra. Al recordar las palabras de 1 Corintios 12:7, "Pero a cada uno le es dada la manifestación del Espíritu para provecho", me doy cuenta de que estos dones no son privilegios personales; son herramientas divinas destinadas a la edificación de la Iglesia y a la expansión del evangelio, demostraciones poderosas del poder de Dios obrando en la vida de cada creyente.

Una de las claves para entender estos regalos celestiales radica en la etimología del término "dones espirituales". La palabra proviene de dos términos griegos fundamentales. Por un lado, **charismata (χαρίσματα)**, que significa "regalos de gracia", nos recuerda que estos dones son otorgados por Dios sin que podamos merecerlos con nuestro esfuerzo. Por otro lado, encontramos **pneumatikon (πνευματικόν)**, traducido como "las cosas del Espíritu", enfatizando que se trata de manifestaciones del Espíritu Santo. Esta verdad me

La Lluvia Tardía

llena de asombro porque me enseña que nuestros dones no se ganan; se reciben, siendo ofrecidos desde el cielo para edificar a Su pueblo.

La Biblia nos muestra, a lo largo de las Escrituras, cómo estos dones han sido puestos en acción. Pienso en el don de sabiduría que Dios otorgó a Salomón (1 Reyes 3:9-12), capacitándolo para gobernar con justicia; o en Isaías, quien recibió el don de profecía para proclamar el mensaje de Dios a Israel (Isaías 6:8-9). Recuerdo también el don de sanidad en Pedro, al sanar a un hombre cojo en la puerta del templo (Hechos 3:6-8), y el don de enseñanza en Pablo, que dedicó años a instruir a los creyentes en Éfeso (Hechos 19:8-10). Cada uno de estos dones fue dado con un propósito único: edificar, guiar y fortalecer al pueblo de Dios. Cuando medito sobre estos ejemplos, siento que Dios nos llama a participar activamente en Su ministerio, utilizando lo que nos ha confiado para impactar vidas.

En tiempos antiguos, en el mundo grecorromano, los dones eran vistos como habilidades naturales o talentos adquiridos a través del entrenamiento. Sin embargo, la enseñanza bíblica rompe con esa perspectiva al mostrarnos que los dones espirituales son manifestaciones sobrenaturales, regalos divinos del Espíritu Santo. Hoy en día, enfrentamos desafíos similares: la sociedad moderna tiende a resaltar el talento humano por encima de la obra del Espíritu, muchos caen en el individualismo creyendo que los dones son herramientas personales en lugar de instrumentos para la edificación colectiva, y a menudo se confunden con habilidades naturales, perdiendo así la dimensión milagrosa y sobrenatural de la gracia de Dios.

En mi propio andar espiritual, las palabras de Elena G. de White han sido una fuente de inspiración. Ella nos recuerda en *El Conflicto de los Siglos* que "Dios ha dotado a su Iglesia con diversos talentos, y cada uno debe ser empleado para su gloria. La obra de Dios no avanza por el esfuerzo de unos pocos, sino por la cooperación de todos" (White, 1911, p. 601).

Igualmente, en *El Camino a Cristo* afirma que "El verdadero éxito en la obra de Dios no depende de la elocuencia humana, sino de la presencia del Espíritu Santo en cada esfuerzo" (White, 1892, p. 75).

Estas declaraciones me enseñan a depender completamente del Espíritu Santo, a reconocer que cada don, por grande o pequeño que parezca, tiene un papel fundamental en el cuerpo de Cristo.

Te invito, entonces, a reflexionar y discernir en tu vida:

Preguntas para Reflexión Personal:

- ¿Has identificado los dones espirituales que Dios te ha dado?

- ¿Cómo puedes usar esos dones para la edificación de la Iglesia y la expansión del evangelio?

La Lluvia Tardía

- ¿Estás permitiendo que el Espíritu Santo guíe tu servicio, o dependes más de tus propias habilidades?
- ¿Qué actitudes necesitas cultivar para evitar caer en orgullo o competencia por tus dones?

Preguntas para Discernimiento Comunitario:
- ¿Está nuestra Iglesia promoviendo el uso equitativo de los dones espirituales entre sus miembros?
- ¿De qué manera podemos ayudar a los nuevos creyentes a descubrir y ejercer sus dones?
- ¿Estamos priorizando la obra transformadora del Espíritu Santo sobre estructuras organizativas meramente humanas?

Esta meditación me recuerda cada día que los dones espirituales son manifestaciones del Espíritu Santo otorgadas para la edificación de la Iglesia y para llevar el mensaje del evangelio al mundo. Cada creyente, sin excepción, tiene un rol vital en este cuerpo vivo. ¿Cómo puedes tú hoy hacer brillar tu don para la gloria de Dios y para el crecimiento de su Iglesia? Que encuentres en este llamado la inspiración para avanzar en tu caminar espiritual, sabiendo que eres parte de un propósito divino que trasciende tu propia existencia.

Qué No Son los Dones Espirituales

A lo largo de mi caminar en la fe, he descubierto que los dones espirituales no se tratan de habilidades meramente humanas, talentos heredados o virtudes adquiridas con esfuerzo. Hablar de ellos es

La Lluvia Tardía

adentrarnos en un territorio sagrado, en el lenguaje mismo del Espíritu, en la forma en que Dios equipa a Su pueblo para cumplir la obra más grande de la historia: ser Sus embajadores en la tierra. Recuerdo las palabras inspiradoras de 1 Corintios 12:7, que nos aseguran:

"Pero a cada uno le es dada la manifestación del Espíritu para provecho" (RVR1960).

Esta manifestación no es un privilegio personal, sino una herramienta divina entregada para edificar la Iglesia y expandir el evangelio. Sin embargo, a lo largo del tiempo se han gestado muchas confusiones sobre lo que los dones espirituales son y, sobre todo, lo que no son. Permíteme compartir contigo algunas verdades que he descubierto en mi caminar:

1. **No son el don del Espíritu en sí**
   El don del Espíritu es la presencia viva del Espíritu Santo en el creyente, la base sobre la cual se edifica todo lo demás. Jesús nos lo promete en Juan 14:16-17:

"Y yo rogaré al Padre, y os dará otro Consolador, para que esté con vosotros para siempre: el Espíritu de verdad" (RVR1960).

2. **No son talentos naturales.** Los talentos pueden heredarse o desarrollarse, y tanto creyentes como incrédulos pueden poseerlos. En contraste, los dones espirituales se otorgan únicamente a quienes

La Lluvia Tardía

han nacido de Cristo, tal como lo enseña Pablo en Romanos 12:6:

"De manera que, teniendo diferentes dones, según la gracia que nos es dada, usémoslos" (RVR1960).

3. **No son fruto del Espíritu.** Mientras que el fruto del Espíritu describe el carácter de Cristo formado en nosotros —amor, gozo, paz, entre otros; los dones espirituales están destinados a describir el servicio que prestamos a los demás. Gálatas 5:22-23 nos recuerda la transformación interna que obra el Espíritu:

"Mas el fruto del Espíritu es amor, gozo, paz, paciencia, benignidad, bondad, fe, mansedumbre, templanza" (RVR1960).

4. **No son oficios ni cargos.** Aunque un don puede respaldar un oficio, no todos los que ejercen un oficio necesariamente poseen el don correspondiente, ni viceversa.

5. **No son responsabilidades generales.** Es cierto que todos estamos llamados a orar, a dar y a testificar; sin embargo, hay quienes han recibido un don especial para hacerlo con un poder extraordinario.

6. **No son imitaciones o falsificaciones.** Es necesario discernir porque Satanás también puede imitar señales; pero, a diferencia de Él,

nada puede reproducir el fruto del Espíritu ni generar verdadera edificación en la Iglesia. Jesús advierte en Mateo 7:22-23:

"Muchos me dirán en aquel día: Señor, Señor, ¿no profetizamos en tu nombre, y en tu nombre echamos fuera demonios, y en tu nombre hicimos muchos milagros? Entonces les declararé: Nunca os conocí; apartaos de mí, hacedores de maldad" (RVR1960).

La Biblia nos ofrece ejemplos claros de cómo diferenciar lo genuino de lo imitado. Recuerdo el caso de Simón el Mago en Hechos 8:9-24, quien intentó comprar el poder del Espíritu, siendo reprendido por Pedro. O también el reinado de Saúl, quien, aunque tenía la autoridad humana, carecía de la verdadera presencia del Espíritu (1 Samuel 16:14). Incluso, durante épocas de falsos profetas en los tiempos de Jeremías (Jeremías 23:16-17), se evidenció la importancia de discernir lo que viene de Dios de lo que es mera imitación.

En el contexto del mundo antiguo, los dones eran considerados habilidades naturales o adquiridas mediante el entrenamiento. La revelación bíblica, sin embargo, nos enseña que los dones espirituales son manifestaciones sobrenaturales, regalos ofrecidos desde el cielo. Hoy, enfrentamos desafíos similares:

- La **confusión entre talento y don**, pues muchos creen que estos regalos son simplemente habilidades humanas.

La Lluvia Tardía

- La aparición de **falsos milagros y señales** que, si bien pueden parecer impresionantes, carecen de la transformación interna genuina.

- La **falta de discernimiento**, necesaria para distinguir lo que proviene del Espíritu Santo de lo que es mera imitación.

En este sentido, las palabras de Elena de White han iluminado mi camino. Ella afirmó con sabiduría en *El Conflicto de los Siglos*:

"El enemigo tratará de imitar los dones del Espíritu, pero los verdaderos dones siempre conducirán a la obediencia y a la edificación del pueblo de Dios" (White, 1911, p. 601).

También nos recordó en *El Camino a Cristo* la importancia del discernimiento:

"No todo lo que parece milagroso proviene de Dios. Debemos probar los espíritus para ver si son de Dios" (White, 1892, p. 75).

Estas verdades me han ayudado a desarrollar un discernimiento más profundo, para asegurarme de que cada don que se manifiesta en mi vida o en la comunidad sea genuino y destinado a la gloria de Dios.

Te invito a reflexionar de manera personal y en comunidad:

La Lluvia Tardía

Preguntas para Reflexión Personal:

- ¿Alguna vez has confundido un talento natural con un don espiritual?

- ¿Cómo puedes asegurarte de estar usando tus dones para la gloria de Dios, en lugar de para tu propio beneficio?

- ¿Has observado o experimentado señales o milagros que, pese a su apariencia, no produjeron verdadera edificación en la comunidad?

- ¿Qué pasos puedes tomar para desarrollar un discernimiento espiritual más profundo que te permita identificar los verdaderos dones del Espíritu?

Preguntas para Discernimiento Comunitario:

- ¿Está nuestra Iglesia promoviendo una comprensión clara y honesta de los dones espirituales?

- ¿De qué manera podemos ayudar a los creyentes a distinguir entre talentos, frutos y dones?

- ¿Estamos advirtiendo a la comunidad sobre el peligro de las falsas señales y milagros?

- ¿Cómo podemos fomentar una mayor dependencia del Espíritu Santo en el discernimiento de estos dones?

La Lluvia Tardía

Al final, recuerdo que los dones espirituales son manifestaciones del Espíritu Santo, no simples habilidades humanas ni meras señales vacías. Cada creyente tiene un papel fundamental en el cuerpo de Cristo, y sólo al usarlos para la gloria de Dios y para el edificar de la Iglesia, podemos cumplir la misión que se nos ha encomendado. ¿Cómo te aseguras tú de que tus dones se usen para el crecimiento y la gloria del Reino? Que esta reflexión te impulse a cultivar un discernimiento profundo y a servir con total dependencia del Espíritu Santo.

Definición y Características de los Dones Espirituales

Un don espiritual es una habilidad sobrenatural dada por el Espíritu Santo a cada creyente para edificar el cuerpo de Cristo y cumplir la misión del Reino. Estos dones son:

1. **Otorgados por gracia** – No se reciben por mérito humano, sino por la voluntad de Dios.

2. Distribuidos por el Espíritu según su voluntad –

"Pero todas estas cosas las hace uno y el mismo Espíritu, repartiendo a cada uno en particular como él quiere" (1 Corintios 12:11).

3. Dados para servir a otros, no para exaltarse a uno mismo –

La Lluvia Tardía

"Cada uno según el don que ha recibido, minístrelo a los otros, como buenos administradores de la multiforme gracia de Dios" (1 Pedro 4:10).

4. Diversos, pero operando en unidad –

"Un cuerpo, y un Espíritu, como fuisteis también llamados en una misma esperanza de vuestra vocación" (Efesios 4:4-7).

5. Eficaces solo cuando son ejercidos con amor

"Si yo hablase lenguas humanas y angélicas, y no tengo amor, vengo a ser como metal que resuena, o címbalo que retiñe" (1 Corintios 13:1).

Descubrir y Activar los Dones Espirituales: Un Llamado a la Transformación

Pablo nos recuerda que **cada cristiano ha recibido al menos un don espiritual**, una manifestación del Espíritu Santo destinada a glorificar a Dios y edificar Su Iglesia. Sin embargo, **no basta con poseer un don; es nuestra responsabilidad descubrirlo, activarlo y usarlo con propósito.**

Este proceso no es un juego de adivinanzas ni una cuestión de suerte. **Es una travesía de oración, discernimiento, humildad y acción.** Es abrirse al Espíritu Santo y decirle con sinceridad: *"Aquí estoy, úsame como Tú quieras."*

Cuando los dones sean activados, **la Iglesia será transformada.** El fuego correrá por los huesos secos,

La Lluvia Tardía

el testimonio será poderoso y el cielo se moverá en respuesta a una Iglesia que opera bajo el poder del Espíritu.

Ejemplos Bíblicos de Descubrimiento de Dones

A lo largo de la historia bíblica, vemos cómo Dios ha llamado y equipado a Sus siervos con dones específicos para cumplir Su propósito.

- **Moisés y el liderazgo (Éxodo 3:10-12):** Aunque dudó de su capacidad, Dios lo llamó y lo equipó para guiar a Su pueblo.

- **Samuel y el discernimiento profético (1 Samuel 3:1-10):** Aprendió a escuchar la voz de Dios y a responder con obediencia.

- **Pablo y el don de enseñanza (Hechos 9:15-20):** Fue transformado por el poder de Cristo y enviado a predicar con autoridad.

Cada uno de ellos tuvo que **descubrir su llamado, confiar en la dirección de Dios y ejercer su don con valentía.**

Hoy, el mismo Espíritu que capacitó a Moisés, Samuel y Pablo **está obrando en nosotros, llamándonos a descubrir y activar los dones que nos han sido otorgados.**

El Contexto Histórico y Cultural de los Dones Espirituales

En el mundo antiguo, los dones eran vistos como habilidades naturales o adquiridas por entrenamiento. **La enseñanza bíblica rompe con esta idea al afirmar que los dones espirituales son manifestaciones sobrenaturales del Espíritu Santo.**

Hoy en día, la Iglesia enfrenta desafíos similares:

- **Confusión entre talento y don:** Muchos creen que los dones espirituales son simplemente habilidades humanas, cuando en realidad son imparticiones divinas.

- **Falta de discernimiento:** La Iglesia debe aprender a distinguir entre lo que proviene del Espíritu y lo que es imitación o manipulación.

- **Desconexión con la misión:** Algunos creyentes no usan sus dones para la edificación del cuerpo de Cristo, sino para fines personales o para la complacencia de la audiencia.

Si queremos ver una Iglesia vibrante y llena del poder de Dios, **debemos recuperar la verdadera enseñanza sobre los dones espirituales y alinearnos con la voluntad del Espíritu Santo.**

La Lluvia Tardía

Elena de White y la Activación de los Dones

Elena de White enfatizó que **los dones espirituales son esenciales para la misión de la Iglesia.** En *El Conflicto de los Siglos*, escribió:

"Cuando los miembros de la Iglesia se consagren plenamente a la obra de Dios, el Espíritu Santo será derramado en medida abundante, y la obra de Dios avanzará con poder" (White, 1911, p. 601).

Este mensaje es más relevante que nunca. **La activación de los dones no es un lujo, sino una necesidad urgente para el avance del Reino.**

También destacó la importancia del amor en el ejercicio de los dones:

"El verdadero éxito en la obra de Dios no depende de la elocuencia humana, sino de la presencia del Espíritu Santo en cada esfuerzo" (White, 1892, p. 75).

No se trata de cuán talentosos somos, ni de cuán bien podemos hablar, enseñar o servir. **Se trata de cuánto permitimos que el Espíritu Santo fluya a través de nosotros.**

Un Llamado a la Acción

Si cada creyente descubriera y activara su don espiritual, la Iglesia experimentaría un avivamiento sin precedentes.

La Lluvia Tardía

El Espíritu Santo ya ha depositado en ti un don. Ahora es tu responsabilidad buscarlo, desarrollarlo y usarlo para la gloria de Dios.

No permitas que el temor, la duda o la complacencia te impidan caminar en tu llamado. Ora, estudia, sirve y permite que el Espíritu Santo te guíe en este proceso.

Cuando los dones sean activados, la Iglesia será fortalecida, el mundo verá el poder de Dios en acción y el Reino avanzará con autoridad.

Es tiempo de despertar. Es tiempo de descubrir y activar tu don.

¡Que el Espíritu Santo te guíe en este viaje y que tu vida sea un testimonio vivo de Su poder!

Reflexión y Discernimiento
Preguntas para Reflexión Personal

1. ¿Has identificado los dones espirituales que Dios te ha dado?

2. ¿Cómo puedes usar tus dones para la edificación de la Iglesia y la expansión del evangelio?

3. ¿Estás permitiendo que el Espíritu Santo guíe tu servicio, o te apoyas más en tus propias habilidades?

4. ¿Cómo puedes evitar el orgullo o la competencia en el uso de los dones espirituales?

Preguntas para Discernimiento Comunitario
1. ¿Está nuestra Iglesia promoviendo el uso de los dones espirituales de manera equitativa?

2. ¿Cómo podemos ayudar a los nuevos creyentes a descubrir sus dones y ponerlos en práctica?

3. ¿Estamos enfocándonos más en estructuras organizativas que en la obra del Espíritu Santo?

Este estudio nos recuerda que los dones espirituales son **manifestaciones del Espíritu Santo**, no talentos humanos ni señales vacías. Cada creyente tiene un papel fundamental en el cuerpo de Cristo. ¿Cómo podemos asegurarnos de que estamos usando nuestros dones para la gloria de Dios y el crecimiento de su Iglesia? A lo largo de mi caminar con Cristo he llegado a comprender que los dones espirituales no son meras habilidades humanas, talentos heredados o conductas adquiridas por el esfuerzo.

Son, en cambio, regalos sobrenaturales otorgados por el Espíritu Santo a cada creyente, diseñados para edificar el cuerpo de Cristo y para cumplir la misión del Reino. Esta verdad se plasma en 1 Corintios 12:7, donde se nos dice:

"Pero a cada uno le es dada la manifestación del Espíritu para provecho" (RVR1960).

He aprendido que estos dones tienen características muy específicas:

1. **Otorgados por gracia.** No se ganan por mérito humano, sino que son el resultado de la voluntad soberana de Dios.

2. Distribuidos por el Espíritu según su voluntad. Como nos recuerda 1 Corintios 12:11:

"Pero todas estas cosas las hace uno y el mismo Espíritu, repartiendo a cada uno en particular como él quiere." Esto indica que la asignación de cada don es única y perfecta en su propósito.

3. **Dados para servir a otros, no para exaltarse a uno mismo.** En 1 Pedro 4:10 se nos invita a ejercer nuestros dones como buenos administradores de la multiforme gracia de Dios, recordándonos que nuestro servicio debe siempre reflejar el amor desinteresado de Cristo.

4. **Diversos, pero operando en unidad** Efesios 4:4-7 nos enseña que, aunque somos muchos y nuestros dones variados, todos

formamos parte de un solo cuerpo, llamado en una misma esperanza.

5. **Eficaces solo cuando son ejercidos con amor**
   Así lo expresó Pablo en 1 Corintios 13:1, advirtiéndonos que sin amor, incluso los dones más impresionantes, son como un címbalo que retiñe sin producir frutos.

Pablo llega a enfatizar que cada cristiano posee al menos un don, y la responsabilidad que tenemos es identificarlo y ponerlo al servicio de Dios y del cuerpo de Cristo.

En mi experiencia, descubrir el don espiritual no es un juego de adivinanzas, sino una travesía profunda de oración, discernimiento, humildad y acción. Es ese momento en el que, en silencio y en comunión, nos abrimos al Espíritu y decimos: "Aquí estoy, úsame como Tú quieras." Al mirar a lo largo de las Escrituras, encuentro ejemplos inspiradores:

- **Moisés**, llamado y capacitado por Dios para liderar a Israel (Éxodo 3:10-12), a pesar de sus dudas.

- **Samuel**, quien aprendió a escuchar la voz de Dios en la intimidad de su juventud (1 Samuel 3:1-10).

- **Pablo**, transformado radicalmente y enviado a predicar con autoridad (Hechos 9:15-20).

La Lluvia Tardía

Cada uno de estos ejemplos me anima a creer que, cuando nuestros dones se activan, la Iglesia se transforma de manera asombrosa. El fuego del Espíritu corre por los huesos secos, los testimonios se vuelven poderosos y el cielo parece moverse.

Es importante recordar que, en el mundo grecorromano, los dones eran entendidos como habilidades naturales o destrezas adquiridas por entrenamiento. La enseñanza bíblica, sin embargo, nos revela una verdad radical: los dones espirituales son manifestaciones sobrenaturales del Espíritu Santo. Hoy en día, la Iglesia sigue enfrentando desafíos similares, como la confusión entre talento y don, la falta de discernimiento para distinguir lo que realmente proviene del Espíritu y la desconexión con la misión divina.

En este contexto, las palabras de Elena de White han sido una luz para mí. En *El Conflicto de los Siglos* ella escribió:

"Cuando los miembros de la Iglesia se consagran plenamente a la obra de Dios, el Espíritu Santo será derramado en medida abundante, y la obra de Dios avanzará con poder" (White, 1911, p. 601).

Y en *El Camino a Cristo* nos recordó:

"El verdadero éxito en la obra de Dios no depende de la elocuencia humana, sino de la presencia del Espíritu Santo en cada esfuerzo" (White, 1892, p. 75).

La Lluvia Tardía

Estas enseñanzas me impulsan a buscar siempre la guía del Espíritu, a cultivar mis dones y a ejercerlos con humildad y amor, recordando que el fin último es la edificación de la Iglesia y la expansión del Evangelio.

Te invito a reflexionar y discernir en tu propia vida:

Preguntas para Reflexión Personal:

1. ¿Has identificado los dones espirituales que Dios te ha dado?

2. ¿Cómo puedes usarlos para la edificación de la Iglesia y para la expansión del evangelio?

3. ¿Permites que el Espíritu Santo dirija tu servicio o dependes más de tus propias capacidades?

4. ¿Qué puedes hacer para evitar el orgullo o la competencia en el uso de tus dones?

Preguntas para Discernimiento Comunitario:
1. ¿Está nuestra Iglesia promoviendo el uso equitativo de los dones espirituales?

2. ¿Cómo podemos ayudar a los nuevos creyentes a descubrir y poner en práctica sus dones?

3. ¿Estamos enfocados en permitir que el Espíritu Santo obre, en lugar de depender, de estructuras organizativas meramente humanas?

La Lluvia Tardía

En conclusión, este estudio me recuerda que los dones espirituales son verdaderas manifestaciones del Espíritu Santo, no simples habilidades humanas ni señales vacías. Cada creyente, sin excepción, tiene un papel fundamental en el cuerpo de Cristo. ¿Cómo podemos asegurarnos de que estamos usando nuestros dones para la gloria de Dios y para el crecimiento de Su Iglesia? Que esta reflexión te inspire a vivir en total dependencia del Espíritu, sirviendo con humildad y transformando tu entorno a la luz del Evangelio.

La Lluvia Tardía

La Lluvia Tardía

Capítulo 3: La distribución de los dones

Desde que descubrí el maravilloso diseño de los dones espirituales, he sentido que nuestra fe se transforma en algo vivo, dinámico y profundamente coordinado por el Espíritu Santo. No es casualidad que el Espíritu no actúe de manera arbitraria o caótica; en Su infinita sabiduría y soberanía, reparte los dones espirituales con un orden perfecto, un propósito divino y una visión eterna. Entender cómo se distribuyen estos regalos celestiales me ha permitido ver la armonía con la que Dios ha equipado a Su Iglesia para cumplir Su misión en la tierra.

Recuerdo claramente lo que dice Pablo en 1 Corintios 12:11:

"Pero todas estas cosas las hace uno y el mismo Espíritu, repartiendo a cada uno en particular como él quiere." *(1 Corintios 12:1)*

Este versículo enfatiza que los dones espirituales no son elegidos por nosotros, sino otorgados soberanamente por el Espíritu Santo según Su voluntad. Cada creyente recibe un don específico, diseñado para la edificación del cuerpo de Cristo y el cumplimiento de la misión divina.

Si deseas profundizar en el contexto de los dones espirituales, te recomiendo leer 1 Corintios 12 completo, donde Pablo explica la diversidad de dones y su propósito dentro de la Iglesia.

Esta sencilla, pero poderosa afirmación me recuerda que, antes que nosotros, es el Espíritu quien decide cuál es el don que cada creyente recibe. No es un asunto que quede a nuestra elección, sino que Dios, en Su perfecta soberanía, asigna cada don de acuerdo con Su propósito. Es reconfortante imaginar que cada habilidad que vemos en nuestra comunidad es parte de un plan divino, diseñado para que la diversidad —aunque aparentemente disímil— se convierta en una perfecta unidad dentro del cuerpo de Cristo.

La Biblia nos enseña varios principios esenciales sobre la distribución de los dones espirituales. Primero, Dios es quien decide qué don recibe cada creyente. Como bien dice 1 Corintios 12:7:

"Porque a cada uno le es dada la manifestación del Espíritu para provecho". Así, no somos nosotros quienes creamos estos dones, sino que ellos son fruto de la gracia divina.

Además, los dones son increíblemente diversos, pero funcionan en completa unidad. Pablo nos enseña en Romanos 12:4:

"Porque de la manera que en un cuerpo tenemos muchos miembros, pero no todos los miembros tienen la misma función". Estoy convencido de que esta diversidad refleja la riqueza y la complejidad

La Lluvia Tardía

del cuerpo de Cristo, donde cada miembro tiene un papel específico que cumplir.

Los dones espirituales también son dados para la edificación de la Iglesia. En Efesios 4:12 se nos recuerda:

"A fin de perfeccionar a los santos para la obra del ministerio, para la edificación del cuerpo de Cristo"

No son instrumentos para beneficio personal, sino herramientas para fortalecer y construir nuestra comunidad de fe.

Por último, he aprendido que estos dones solo rinden fruto cuando se ejercen con amor. En 1 Corintios 13:1, Pablo nos advierte:

"Si yo hablase lenguas humanas y angélicas, y no tengo amor, vengo a ser como metal que resuena, o címbalo que retiñe" Sin amor, toda acción se queda vacía, y nuestros dones pierden su propósito y eficacia.

La práctica bíblica nos muestra cómo Dios distribuyó dones a personas específicas para cumplir Sus propósitos. Recuerdo cómo Moisés fue llamado para liderar a Israel (Éxodo 3:10-12), o cómo Bezalel y Aholiab recibieron la capacidad artística para construir el tabernáculo (Éxodo 31:1-6). También tengo presente el poderoso don de predicación que Pedro mostró en el día de Pentecostés (Hechos 2:14-41) y el don de enseñanza que Pablo usó para formar doctrinalmente a la Iglesia (Romanos 1:1; 1 Timoteo 2:7). Cada uno de estos ejemplos me inspira a ver que no hay dones pequeños ni insignificantes, sino regalos que, para cada tarea específica, se nos han confiado de manera única por parte de Dios.

En un contexto histórico en el que, en el mundo grecorromano, se consideraban los dones como habilidades adquiridas o naturales, la enseñanza bíblica revolucionó esa visión. Hoy, en nuestra sociedad, aún enfrentamos el desafío de confundir el talento humano con el don espiritual. Muchos pueden pensar que estos regalos son simplemente destrezas naturales; sin embargo, la realidad es que son manifestaciones sobrenaturales del Espíritu. Además, la falta de discernimiento en cuanto a lo que proviene de Dios y lo que no, o la desconexión entre el uso de los dones y la misión de la Iglesia, siguen siendo desafíos que debemos superar.

En momentos de reflexión, encuentro gran sabiduría en las palabras de Elena de White. En *El Conflicto de los Siglos* ella escribió:

"Dios ha dotado a su Iglesia con diversos talentos, y cada uno debe ser empleado para su gloria. La obra de Dios no avanza por el esfuerzo de unos pocos, sino por la cooperación de todos" (White, 1911, p. 601).

La Lluvia Tardía

Y en El Camino a Cristo enfatizó: "El verdadero éxito en la obra de Dios no depende de la elocuencia humana, sino de la presencia del Espíritu Santo en cada esfuerzo" (White, 1892, p. 75).

Estas verdades me invitan constantemente a examinar mi dependencia del Espíritu Santo y a asegurarme de que mi don se utiliza para edificar a la Iglesia y no para mi propia exaltación.

Te invito, querido lector, a meditar en estas preguntas y a buscar con sinceridad el discernimiento en tu vida:

Preguntas para Reflexión Personal:

¿Has identificado los dones espirituales que Dios te ha dado?

¿Cómo puedes usarlos para la edificación de la Iglesia y la expansión del evangelio?

¿Permites que el Espíritu Santo guíe tu servicio, o dependes más de tus propias habilidades?

¿Qué medidas puedes tomar para evitar el orgullo o la competencia en el ejercicio de tus dones?

Preguntas para Discernimiento Comunitario:

¿Nuestra Iglesia promueve el uso equitativo de los dones espirituales?

La Lluvia Tardía

¿Cómo podemos ayudar a los nuevos creyentes a descubrir y ejercer sus dones?

¿Estamos más enfocados en permitir que el Espíritu Santo obre o en mantener estructuras organizativas rígidas?

Esta meditación me recuerda con fuerza que los dones espirituales son verdaderas manifestaciones del Espíritu Santo, regalos celestiales destinados a la edificación del cuerpo de Cristo. Cada creyente tiene un papel fundamental en esta gran misión. ¿Cómo puedes asegurarte de que tus dones se usan para la gloria de Dios y el crecimiento de Su Iglesia? Que esta reflexión te inspire a vivir en total dependencia del Espíritu, sirviendo con humildad y apasionadamente para hacer brillar la luz de Cristo en el mundo.

Los Dones y la Trinidad

Cuando medito en el maravilloso plan de Dios, me maravillo al ver que toda la Deidad está involucrada en el proceso de dar dones espirituales. No es un acto impulsivo o caótico, sino una obra perfecta de la Trinidad, en la que el Padre, el Hijo y el Espíritu Santo trabajan en completa armonía. Tal como nos revela el apóstol Pablo en 1 Corintios 12:4-6:

"Ahora bien, hay diversidad de dones, pero el Espíritu es el mismo. Y hay diversidad de ministerios, pero el Señor es el mismo. Y hay diversidad de operaciones, pero Dios, que hace todas las cosas en todos, es el mismo" (RVR1960).

Esta afirmación me llena de asombro, pues sé que no es un invento humano ni meramente un producto de las emociones; es una obra sagrada cuyo origen divino se remonta al corazón mismo de Dios.

La Participación de la Trinidad en los Dones Espirituales

En mí caminar espiritual he aprendido a reconocer cómo cada persona de la Trinidad tiene un papel en la distribución y funcionamiento de estos dones.

- **Dios Padre** es la fuente de todo don. Como nos enseña Santiago 1:17,

"Toda buena dádiva y todo don perfecto desciende de lo alto, del Padre de las luces" (RVR1960). Es Él quien, en su soberanía, otorga cada regalo con un propósito divino.

- **Jesucristo**, el Señor de los ministerios, es quien, mediante Su ejemplo y autoridad, asigna roles específicos dentro de la Iglesia. Efesios 4:11 nos recuerda: "Y él mismo constituyó a unos, apóstoles; a otros, profetas; a otros, evangelistas; a otros, pastores y maestros".

- **El Espíritu Santo** se encarga de distribuir los dones de manera intencional y personalizada. En 1 Corintios 12:11 se afirma: "Pero todas estas cosas las hace uno y el mismo Espíritu, repartiendo a cada uno en particular como él quiere".

Ejemplos Bíblicos de la Trinidad en Acción

He encontrado en las Escrituras ejemplos vibrantes de esta unidad en la obra de la Trinidad. Recuerdo el bautismo de Jesús en Mateo 3:16-17, donde el Padre habló, el Espíritu descendió, y el Hijo fue confirmado en Su misión. También me conmueve la Gran Comisión, cuando Jesús envió a sus discípulos en el nombre del Padre, del Hijo y del Espíritu Santo (Mateo 28:19), y la poderosa manifestación de Pentecostés (Hechos 2:1-4), donde el Espíritu capacitó a los primeros creyentes para una misión global. Cada uno de estos eventos es un testimonio de la perfecta unidad y propósito de la Trinidad en la obra de Dios.

Contexto Histórico y Cultural

En el mundo grecorromano, la noción de una Trinidad era algo ajeno a la filosofía predominante. Sin embargo, la Iglesia primitiva desafió esos paradigmas, proclamando que Dios es uno en esencia, pero tres en personas, y que cada miembro divino participa activamente en la salvación y en la edificación de la Iglesia. Hoy en día, nuestra comunidad enfrenta desafíos muy similares:

La Lluvia Tardía

- Existe confusión doctrinal, ya que algunos minimizan o incluso niegan la importancia de la Trinidad.

- El individualismo espiritual a menudo hace que cada creyente vea sus dones como herramientas personales, olvidando la interdependencia que debe caracterizar a la Iglesia.

- La falta de dependencia del Espíritu nos lleva a enfatizar métodos humanos en lugar de permitir que el poder sobrenatural de Dios opere en medio de nosotros.

Elena de White y la Trinidad en los Dones

En mi búsqueda de una comprensión más profunda, he encontrado gran claridad en la obra de Elena de White. Ella nos recordó en *El Conflicto de los Siglos* que: "El Padre, el Hijo y el Espíritu Santo están obrando juntos para la salvación del hombre y la edificación de su Iglesia. Cada don es una expresión de su amor y poder" (White, 1911, p. 601).

Asimismo, en *El Camino a Cristo* enfatizó que: "Sin el Espíritu Santo, los dones no pueden operar con eficacia. Es el poder divino el que transforma los talentos humanos en herramientas para la gloria de Dios" (White, 1892, p. 75).

Estas palabras me han fortalecido en mi fe y me animan a depender plenamente del Espíritu Santo, recordándome que nuestros dones fluyen del amor y poder de la Trinidad.

Reflexión y Discernimiento

Te invito a acompañarme en esta reflexión, preguntándote:

- ¿Cómo puedes reconocer la obra de la Trinidad en tu vida y ministerio?

- ¿Estás dependiendo del Espíritu Santo al ejercer tus dones espirituales?

- ¿De qué manera puedes asegurarte de que tus dones están en total sintonía con la voluntad de Dios?

- ¿Has notado cómo los dones espirituales fortalecen la unidad de la Iglesia en tu comunidad?

En cuanto a tu comunidad, quizás puedas reflexionar junto a otros creyentes:

- ¿Está nuestra Iglesia enseñando correctamente la doctrina de la Trinidad?

- ¿Cómo podemos fomentar una mayor dependencia del Espíritu Santo en todas nuestras actividades?

- ¿Estamos usando efectivamente los dones espirituales para la edificación del cuerpo de Cristo?

La Lluvia Tardía

- ¿De qué manera podemos ayudar a los creyentes a descubrir y utilizar sus dones de manera que todo fluya para la gloria de Dios?

Este estudio me recuerda constantemente que los dones espirituales son manifestaciones del Espíritu Santo, otorgados por el Padre y guiados por el Hijo. Cada uno de nosotros tiene un rol fundamental en el cuerpo de Cristo. ¿Cómo podemos asegurarnos de que estamos usando estos dones para la gloria de Dios y el crecimiento de Su Iglesia? Que esta meditación te inspire a vivir en unidad y dependiente del poder de la Trinidad, reconociendo en cada don la mano sagrada que lo concede.

¿Quiénes Reciben los Dones Espirituales?

En mí caminar de fe he descubierto que no todos reciben los dones espirituales — solamente aquellos que han nacido de nuevo y pertenecen al cuerpo de Cristo son los auténticos receptores de estas gratas manifestaciones del Espíritu. La Palabra es clara en 1 Corintios 12:7: "Pero a cada uno le es dada la manifestación del Espíritu para provecho".

Y en 1 Pedro 4:10 se nos instruye: "Cada uno según el don que ha recibido, minístrelo a los otros".

Esta verdad me ha enseñado que los dones espirituales no se otorgan a cualquiera, sino que son confidenciales regalos destinados a aquellos que han

La Lluvia Tardía

sido transformados por Cristo. Dios no hace acepción de personas; Él reparte estos dones de acuerdo a Su voluntad y con un propósito muy claro: edificar Su Iglesia y cumplir Su misión en la tierra.

A lo largo de mi vida, he meditado en los principios bíblicos que rigen la recepción de estos dones. Primero, solo los creyentes en Cristo tienen el privilegio de recibirlos, ya que, como dice 1 Corintios 12:13, "Porque por un solo Espíritu fuimos todos bautizados en un cuerpo". Esta unión, tan íntima y sagrada, nos distingue y nos capacita para servir en el Reino de Dios. Además, cada creyente, sin excepción, recibe al menos un don, siendo el Espíritu mismo quien reparte a cada uno "en particular como él quiere" (1 Corintios 12:11).

He encontrado en las Escrituras ejemplos vivos de cómo Dios otorga dones a distintos individuos para cumplir Su propósito. Recuerdo con asombro cómo Moisés fue llamado y equipado para liderar a Israel (Éxodo 3:10-12), o cómo Bezalel y Aholiab recibieron la habilidad artística necesaria para construir el tabernáculo (Éxodo 31:1-6). Asimismo, el poderoso don de predicación de Pedro en Pentecostés (Hechos 2:14-41) y el don de enseñanza de Pablo (Romanos 1:1; 1 Timoteo 2:7) son testimonio de que, en el plan de Dios, cada tarea tiene asignado un regalo especial.

La Lluvia Tardía

Es fascinante pensar que, en el contexto grecorromano, los dones se comprendían simplemente como habilidades naturales o herramientas adquiridas por entrenamiento. Sin embargo, la revelación bíblica nos muestra que los dones son manifestaciones sobrenaturales del Espíritu Santo. Hoy en día, la Iglesia se enfrenta a desafíos similares, como la confusión que existe entre talento y don, o la falta de discernimiento al distinguir lo que viene del Espíritu y lo que es mera imitación. Aún más, algunos creyentes pueden caer en la tentación de no utilizar sus dones para la edificación del cuerpo de Cristo, lo que nos recuerda la importancia de mantener siempre la conexión con la obra transformadora del Espíritu.

En mi meditación personal, las enseñanzas de Elena de White han sido un faro de claridad y rectitud. Ella escribió en *El Conflicto de los Siglos*:

"Dios ha dotado a su Iglesia con diversos talentos, y cada uno debe ser empleado para su gloria. La obra de Dios no avanza por el esfuerzo de unos pocos, sino por la cooperación de todos" (White, 1911, p. 601).

Esto me recuerda que si quiero que mi servicio tenga un impacto duradero, debo usar mi don no para mi propia exaltación, sino para contribuir a la fortaleza de la comunidad. Del mismo modo, en *El Camino a Cristo* se enfatiza que "El verdadero éxito en la obra de Dios no depende de la elocuencia humana, sino

La Lluvia Tardía

de la presencia del Espíritu Santo en cada esfuerzo" (White, 1892, p. 75).

Al reflexionar en todo esto, me invito a examinar mi corazón y mi servicio a Dios con algunas preguntas para la reflexión personal:

- ¿He identificado claramente los dones espirituales que Dios me ha dado?
- ¿Cómo puedo usarlos mejor para la edificación de la Iglesia y la expansión del evangelio?
- ¿Estoy permitiendo que el Espíritu Santo guíe mi servicio, o dependo en exceso de mis propias capacidades?
- ¿Qué actitudes debo cultivar para evitar caer en el orgullo o en la competencia innecesaria?

También es vital que, en comunidad, nos preguntemos:

- ¿Nuestra Iglesia promueve el uso equitativo de los dones espirituales entre sus miembros?
- ¿Cómo podemos facilitar que los nuevos creyentes descubran y pongan en práctica sus dones?

- ¿Estamos enfocándonos en la obra del Espíritu Santo o en estructuras organizativas que a veces pueden obstaculizar el genuino mover divino?

Esta meditación sobre quiénes reciben los dones espirituales me recuerda que cada creyente es invaluable para el cuerpo de Cristo. En la gracia y la comunión de Dios, no hay uno sin el otro, y todos somos llamados a servir y a edificar. ¿Cómo puedes hoy asegurarte de que estás usando tus dones para la gloria de Dios y para el crecimiento de Su Iglesia? Que esta reflexión te inspire a redescubrir y compartir el regalo único que el Espíritu te ha confiado, para que juntos podamos avanzar en la misión transformadora del Reino.

Este estudio nos recuerda que los dones espirituales son **manifestaciones del Espíritu Santo**, otorgados por el Padre y guiados por el Hijo. Cada creyente tiene un papel fundamental en el cuerpo de Cristo. ¿Cómo podemos asegurarnos de que estamos usando nuestros dones para la gloria de Dios y el crecimiento de su Iglesia?

¿Cuándo Se Imparten los Dones Espirituales?
En mí caminar espiritual he llegado a apreciar profundamente que los dones espirituales se imparten en el preciso momento en que recibimos al Espíritu Santo, cuando experimentamos el nuevo nacimiento en Cristo. Esta revelación transformadora se hizo visible en el día de

La Lluvia Tardía

Pentecostés, cuando "fueron todos llenos del Espíritu Santo, y comenzaron a hablar en otras lenguas, según el Espíritu les daba que hablasen" (Hechos 2:4). Fue entonces cuando los dones comenzaron a manifestarse en la vida de los discípulos, y con ellos la Iglesia fue capacitada para cumplir su misión de transformar el mundo.

Este momento de conversión marca no solo un cambio en nuestra vida interna, sino también el inicio de un legado de servicio que se extiende por toda la historia de la Iglesia. Cada conversión genuina es, en efecto, una inauguración de dones. El Espíritu Santo viene a habitar en el creyente no solo para santificarlo, sino también para capacitarlo y usarlo en la obra de Dios. Como dice 1 Corintios 12:13, "Porque por un solo Espíritu fuimos todos bautizados en un cuerpo", lo que significa que, desde el momento en que damos respuesta a la gracia, somos equipados con recursos sobrenaturales para servir y edificar la Iglesia.

La Biblia establece claramente varios principios sobre cuándo y cómo los creyentes reciben estos preciosos dones. En primer lugar, se nos enseña que los dones son impartidos en el instante en que recibimos al Espíritu Santo, marcando el inicio de una nueva vida. Luego, el modelo de Pentecostés nos muestra que este derramamiento no es para beneficio personal, sino para el testimonio y la expansión del evangelio, tal como lo declara Jesús en Hechos 1:8: "Recibiréis poder, cuando haya venido

La Lluvia Tardía

sobre vosotros el Espíritu Santo, y me seréis testigos". Además, cada creyente recibe al menos un don (1 Corintios 12:7) y, aunque estos dones se imparten en el momento de la conversión, también pueden desarrollarse y perfeccionarse con el tiempo, como nos exhorta Pablo en 2 Timoteo 1:6: "Por lo cual te aconsejo que avives el fuego del don de Dios que está en ti".

La predictiva narrativa de nuestra fe se refleja en ejemplos bíblicos que me han guiado a lo largo de mi vida. Recuerdo la poderosa experiencia de los discípulos en Pentecostés, cuando se llenaron del Espíritu y comenzaron a manifestar dones de manera evidente, transformando radicalmente su manera de vivir y de predicar. De igual modo, pienso en Pablo, quien tras su conversión en el camino a Damasco (Hechos 9:17-20) fue lleno de poder y pasión por proclamar el evangelio, o en Timoteo, cuyo don fue confirmado mediante la imposición de manos (1 Timoteo 4:14), en el contexto de una comunidad de fe robusta que lo apoyó.

Es interesante notar cómo, en el mundo grecorromano, los dones se entendían como habilidades naturales o adquiridas por entrenamiento. Sin embargo, nuestro Dios rompe esa visión limitada al revelarnos que los dones espirituales son manifestaciones sobrenaturales del Espíritu Santo. Hoy, enfrentamos desafíos similares: existe mucha confusión entre talento y don, y a menudo la Iglesia debe aprender nuevamente a

La Lluvia Tardía

distinguir lo que verdaderamente proviene del Espíritu y lo que es imitación. Además, hay quienes, lamentablemente, no utilizan sus dones para la edificación del cuerpo de Cristo.

En este sentido, las palabras de Elena de White han sido una luz para mi espíritu. Ella escribió en *El Conflicto de los Siglos*:

"Cuando los miembros de la Iglesia se consagren plenamente a la obra de Dios, el Espíritu Santo será derramado en medida abundante, y la obra de Dios avanzará con poder" (White, 1911, p. 601).

Y en *El Camino a Cristo* nos recuerda: "Sin el Espíritu Santo, los dones no pueden operar con eficacia. Es el poder divino el que transforma los talentos humanos en herramientas para la gloria de Dios" (White, 1892, p. 75).

Estas verdades me impulsan a examinar mi propia vida, a buscar siempre que el Espíritu Santo guíe mi servicio y a esforzarme en cultivar y ejercer el don que Dios me ha confiado.

Te animo a que también reflexiones en tu interior:

Preguntas para Reflexión Personal
¿Has identificado los dones espirituales que Dios te ha dado desde el momento de tu conversión?

La Lluvia Tardía

¿De qué manera puedes usar esos dones para la edificación de la Iglesia y la expansión del evangelio?

¿Permites que el Espíritu Santo guíe tu servicio, o confías demasiado en tus propias capacidades?

¿Qué pasos concretos puedes tomar para evitar el orgullo o la competencia en la manifestación de tus dones?

Preguntas para Discernimiento Comunitario
¿Está nuestra Iglesia promoviendo de forma equitativa el uso de los dones espirituales entre sus miembros?

¿Qué acciones podemos implementar para ayudar a los nuevos creyentes a descubrir y ejercitar sus dones?

¿Estamos enfocándonos en permitir que el poder del Espíritu Santo obre en medio de nosotros, en lugar de depender exclusivamente de estructuras organizativas?

Esta meditación me recuerda que el momento en el que recibimos al Espíritu es también el momento en que se nos habilita para servir, y que nuestro compromiso de crecer y poner en práctica esos dones es fundamental para la misión de Dios en la tierra. ¿Cómo puedes tú, hoy, renovar esa entrega y permitir que tus dones se manifiesten plenamente al servicio del Reino? Que esta reflexión te inspire a

La Lluvia Tardía

caminar diariamente en la presencia y poder del Espíritu Santo, dejando que Su obra en ti transforme al mundo que te rodea.

Este estudio nos recuerda que los dones espirituales son **manifestaciones del Espíritu Santo**, otorgados por el Padre y guiados por el Hijo. Cada creyente tiene un papel fundamental en el cuerpo de Cristo. ¿Cómo podemos asegurarnos de que estamos usando nuestros dones para la gloria de Dios y el crecimiento de su Iglesia?

Propósito de los Dones Espirituales
A lo largo de mi camino de fe he aprendido que el propósito de los dones espirituales es claro y transformador: no se nos dan como trofeos personales ni como instrumentos de autopromoción, sino como herramientas de servicio para edificar el cuerpo de Cristo y equiparlo para la obra del ministerio. Recuerdo con gratitud cuando estudiaba Efesios 4:12, y entendí que estos dones existen "a fin de perfeccionar a los santos para la obra del ministerio, para la edificación del cuerpo de Cristo" (RVR1960). Esta verdad me ha impulsado a ver en cada regalo del Espíritu una invitación a ser parte activa en la misión de Dios.

En mi experiencia, cada don es una manifestación de la gracia de Dios, dada sin mérito humano, para servir a los demás y no para exaltar al individuo. Así lo declara 1 Corintios 12:7:

La Lluvia Tardía

"Pero a cada uno le es dada la manifestación del Espíritu para provecho" (RVR1960).

Este propósito nos recuerda que los dones no existen para nuestro bienestar personal, sino para fortalecer y enriquecer a la comunidad de fe. Es un recordatorio de que compartimos un mismo llamado en Cristo —aunque cada uno de nosotros es distinto, en el amor de Dios formamos un solo cuerpo.

Otro aspecto fundamental es que los dones nos capacitan para realizar la obra del ministerio. Pablo nos exhorta en Romanos 12:6: "De manera que, teniendo diferentes dones, según la gracia que nos es dada, usémoslos".

Cada creyente recibe un don espectacular, un recurso único que, al ejercerse, se convierte en una poderosa herramienta para la expansión del evangelio y el fortalecimiento de la Iglesia. La diversidad de estos dones, tan necesaria para la unidad y el crecimiento espiritual—tal como se nos recuerda en Efesios 4:4: "Un cuerpo, y un Espíritu, como fuisteis también llamados en una misma esperanza de vuestra vocación"— muestra que la verdadera fortaleza de la Iglesia radica en la interdependencia de sus miembros.

Para mí, es especialmente inspirador reconocer que el propósito de cada don se manifiesta en la práctica. Pienso en Moisés, quien fue llamado y equipado para liderar a Israel (Éxodo 3:10-12); en Bezalel y

La Lluvia Tardía

Aholiab, quienes recibieron el don de artesanía para construir el tabernáculo (Éxodo 31:1-6); en Pedro, cuyo don de predicación encendió miles de almas en Pentecostés (Hechos 2:14-41); y en Pablo, que a través de su enseñanza fortaleció doctrinalmente a la Iglesia (Romanos 1:1; 1 Timoteo 2:7). Cada uno de estos ejemplos bíblicos me enseña que, en el plan de Dios, no hay dones insignificantes: todos están destinados a un fin común, que es edificar y fortalecer al pueblo de Dios.

En el contexto histórico y cultural del mundo grecorromano, los dones a menudo se veían únicamente como habilidades naturales o destrezas adquiridas. Sin embargo, la enseñanza bíblica nos invita a mirar más allá, a comprender que los dones espirituales son manifestaciones sobrenaturales del Espíritu Santo. Hoy, en nuestra propia comunidad, nos enfrentamos a desafíos similares. Muchos aún confunden talento humano con don del Espíritu, y la falta de discernimiento nos obliga a distinguir cuidadosamente entre lo que verdaderamente proviene de Dios y lo que es simplemente fruto de las capacidades naturales. Incluso, en ocasiones, algunos creyentes no usan su don para edificar el cuerpo, sino que lo retienen o lo malinterpretan, separando así el don de su propósito original.

En estos aspectos, las enseñanzas de Elena G. de White han sido un faro en mi caminar espiritual. Ella me recuerda siempre que:

La Lluvia Tardía

"Cuando los miembros de la Iglesia se consagran plenamente a la obra de Dios, el Espíritu Santo será derramado en medida abundante, y la obra de Dios avanzará con poder" (White, 1911, p. 601).

Y también nos exhorta a trabajar en unidad, pues: "Cuando los miembros de la Iglesia trabajan en armonía, cada uno usando los dones que Dios le ha dado, el cuerpo de Cristo se fortalece y el evangelio avanza con poder" (White, 1892, p. 75).

Estas palabras me desafían día a día a dejar de lado cualquier inclinación al orgullo o a la competencia, recordándome que el verdadero éxito en la obra de Dios no depende de la elocuencia o de logros personales, sino de la manera en que nuestros dones sirven para edificar a los demás.

Quisiera invitarte, querido amigo, a que reflexiones y busques en tu vida lo siguiente:

Preguntas para Reflexión Personal:
1. ¿Has identificado los dones espirituales que Dios te ha dado y comprendido su propósito de edificación?

2. ¿Cómo puedes usar esos dones para fortalecer a la Iglesia y expandir el evangelio?

3. ¿Confías en el Espíritu Santo para guiar tu servicio, o dependes mayormente de tus propias capacidades?

4. ¿Qué medidas concretas puedes tomar para evitar el orgullo y la competencia, y servir con humildad y amor?

Preguntas para Discernimiento Comunitario:
1. ¿Está nuestra Iglesia promoviendo el uso de los dones espirituales de manera equitativa?

2. ¿Cómo podemos ayudar a los nuevos creyentes a descubrir y poner en práctica sus dones?

3. ¿Estamos priorizando la obra transformadora del Espíritu Santo sobre estructuras organizativas rígidas?

Esta meditación sobre el propósito de los dones me recuerda que, al final, Dios nos ha equipado no para recibir alabanzas individualmente, sino para trabajar en conjunto y edificar Su Iglesia. Cada don es un regalo divino destinado a glorificar a Dios y a impulsar el crecimiento de un cuerpo de fe fuerte y unido. ¿Cómo puedes hoy asegurarte de que tu don se usa para la gloria de Dios y para el bienestar de Su Iglesia? Que estas reflexiones te impulsen a ser un testigo activo y a servir con amor, cumpliendo la misión que Dios ha depositado en ti.

Este estudio nos recuerda que los dones espirituales son **manifestaciones del Espíritu Santo**, otorgados por el Padre y guiados por el Hijo. Cada creyente

La Lluvia Tardía

tiene un papel fundamental en el cuerpo de Cristo. ¿Cómo podemos asegurarnos de que estamos usando nuestros dones para la gloria de Dios y el crecimiento de su Iglesia?

Duración de los Dones Espirituales

En mí caminar con Cristo he aprendido que los dones espirituales son un regalo permanente mientras permanezcamos en Él. Aunque a veces me he preguntado si estos dones, que tan poderosamente nos capacitan para la obra del ministerio, se desvanecerán con el tiempo, he descubierto en la Palabra que su esencia es irrevocable. Pablo nos asegura en Romanos 11:29: "Porque irrevocables son los dones y el llamamiento de Dios".

Esta verdad me reconforta, sabiendo que, mientras mantenga mi comunión con Cristo, el Espíritu Santo seguirá obrando en mi vida. Sin embargo, también he aprendido que los dones pueden desarrollarse o incluso atrofiarse según nuestra relación con Dios. Es como si cada don fuera una semilla que necesita ser cultivada a través de la oración, la dedicación y el ejercicio constante. Así, el apóstol nos advierte en 1 Corintios 13:8: "Las profecías se acabarán, y cesarán las lenguas".

Esto significa que, al llegar lo perfecto, algunos dones dejarán de manifestarse. Pero hasta ese día, ellos son indispensables; son el lenguaje del Espíritu, los instrumentos que nos permiten cumplir la misión de Dios, y las señales vivas de que Él sigue obrando en medio de Su Iglesia. Cada manifestación de un don es un recordatorio de que el cuerpo de Cristo está siendo preparado para la gloriosa venida del Señor.

Principios Bíblicos sobre la Duración de los Dones

He aprendido que la Biblia nos enseña varios aspectos esenciales respecto a cuándo y cómo los dones operan en nuestras vidas:

1. **Irrevocabilidad mientras estemos en Cristo** Los dones no se desvanecen mientras permanecemos en comunidad con el Señor. Como dice Romanos 11:29, la gracia de Dios sigue siendo constante y sus dones irrevocables.

2. Desarrollo y ejercicio. Pablo nos exhorta: "Por lo cual te aconsejo que avives el fuego del don de Dios que está en ti" (2 Timoteo 1:6).
   Esto me ha motivado a no dejar reposar el don que Dios me ha confiado, sino a ejercitarlo y cultivarlo continuamente en mi vida.

3. **Temporalidad de ciertos dones al final de la era.** Aunque los dones son esenciales para nuestra misión hoy, algunos, como la

profecía o las lenguas, cesarán al cumplirse lo perfecto, según 1 Corintios 13:8. Este es un recordatorio de que cada don tiene su tiempo y propósito.

4. **Esenciales para la misión actual de la Iglesia.** Mientras la Iglesia esté en la tierra, los dones son necesarios para edificar a los santos, tal como se expresa en Efesios 4:12.

Ejemplos Bíblicos de la Duración de los Dones

La Escritura me ha mostrado ejemplos vivenciales de cómo los dones se mantienen activos en aquellos que sirven a Dios con fidelidad:

- **Moisés**, quien, a pesar de sus limitaciones humanas, lideró a Israel hasta el final de su vida (Deuteronomio 34:7).

- **Samuel**, que con el don profético, habló en nombre de Dios durante toda su vida (1 Samuel 3:19-20).

- **Pablo**, cuyo don de enseñanza nunca se apagó, y que predicó con fervor hasta el final de su ministerio (2 Timoteo 4:6-8).

Cada uno de estos ejemplos me inspira a ver mis propios dones como un llamado a servir y a permanecer activo en la obra de Dios, sin importar las circunstancias.

La Lluvia Tardía

Contexto Histórico y Cultural
En la época grecorromana, los dones se consideraban simples habilidades o talentos adquiridos a través del entrenamiento. Pero la enseñanza bíblica rompe con esa visión al revelarnos que los dones espirituales son, en realidad, manifestaciones sobrenaturales del Espíritu Santo. Hoy, seguimos enfrentando desafíos similares:

- **Confusión entre talento y don:** Muchas veces se piensa que estos regalos son solo habilidades personales.

- **Falta de discernimiento:** Es vital aprender a distinguir entre lo que auténticamente proviene del Espíritu y lo que es mera imitación.

- **Desconexión con la misión:** Algunos creyentes olvidan usar estos dones para edificar el cuerpo de Cristo y cumplir con la misión del evangelio.

Elena de White y la Permanencia de los Dones
Las palabras de Elena de White han resonado profundamente en mi corazón. En *El Conflicto de los Siglos* escribió:

La Lluvia Tardía

"Mientras la Iglesia esté en la tierra, los dones del Espíritu seguirán operando para la edificación del pueblo de Dios" (White, 1911, p. 601).

Además, en *El Camino a Cristo* enfatizó que: "Dios ha dado talentos y dones a cada creyente, pero es responsabilidad de cada uno cultivarlos y usarlos para Su gloria" (White, 1892, p. 75).

Estos recordatorios me animan a no tomar a la ligera el don que Dios me ha confiado, sino a trabajar activamente en su desarrollo y en su aplicación, recordando siempre que mi servicio es para la gloria de Dios y el beneficio de Su Iglesia.

Te invito a meditar en lo siguiente, tanto de manera personal como en comunidad:

Preguntas para Reflexión Personal:
1. ¿Has identificado los dones espirituales que Dios te ha dado desde tu conversión?

2. ¿Cómo puedes usar tus dones para la edificación de la Iglesia y la expansión del evangelio?

3. ¿Estás permitiendo que el Espíritu Santo guíe tu servicio, o te apoyas más en tus propias habilidades?

4. ¿Qué puedes hacer para evitar caer en el orgullo o la competencia innecesaria al manifestar tus dones?

Preguntas para Discernimiento Comunitario:
1. ¿Está nuestra Iglesia promoviendo el uso de los dones espirituales de manera equitativa entre sus miembros?

2. ¿Cómo podemos ayudar a los nuevos creyentes a descubrir y poner en práctica sus dones?

3. ¿Estamos enfocados en apoyar la obra transformadora del Espíritu Santo, en lugar de depender solamente de estructuras organizativas?

Al final del día, esta meditación me recuerda que los dones espirituales son el lenguaje mismo del Espíritu, las herramientas a través de las cuales Dios opera en el mundo, y que permanecen mientras nosotros estemos en Cristo. Mientras cultivemos nuestros dones con amor, disciplina y dependencia total del Espíritu Santo, seremos instrumentos de edificación en el cuerpo de Cristo, hasta el glorioso regreso de nuestro Señor. ¿Cómo puedes hoy renovar tu compromiso con el poder transformador de tus dones y servir con pasión en la misión divina? Que esta reflexión te inspire a caminar en la plenitud de la gracia que Dios te ha conferido.

La Lluvia Tardía

Este estudio nos recuerda que los dones espirituales son **manifestaciones del Espíritu Santo**, otorgados por el Padre y guiados por el Hijo. Cada creyente tiene un papel fundamental en el cuerpo de Cristo. ¿Cómo podemos asegurarnos de que estamos usando nuestros dones para la gloria de Dios y el crecimiento de su Iglesia?

La Lluvia Tardía

Capítulo 4: Descripción de los dones espirituales

Descripción de los Dones Espirituales

Cuando reflexiono sobre los dones espirituales, me doy cuenta de que sumergirme en su descripción es como adentrarme en la sala del trono celestial. Es en ese sagrado espacio donde Dios reparte joyas únicas a cada uno de nosotros, regalos de gracia que responden a las diversas necesidades del cuerpo de Cristo. Cada don no es simplemente una habilidad humana, sino una manifestación del Espíritu destinada a capacitarnos para realizar la obra de edificación con eficacia, unidad y poder.

La Palabra de Dios revela que existen más de veinte dones espirituales, plasmados a lo largo de pasajes como Romanos 12, 1 Corintios 12, Efesios 4 y 1 Pedro 4. No se trata de una lista cerrada, sino de un amplio testimonio de la inagotable creatividad de Dios para operar en la vida de sus hijos.

Clasificación de los Dones Espirituales
En mi búsqueda y meditación, he aprendido que los dones se agrupan en diversas categorías, cada una cumpliendo una función específica dentro de la Iglesia:

La Lluvia Tardía

Adentrarse en el estudio de los dones espirituales es descubrir cómo Dios, en Su infinita sabiduría, ha provisto a cada creyente con herramientas únicas para edificar la Iglesia y cumplir la misión del Reino. Es como si al entrar en la sala del trono celestial, cada uno de nosotros recibiese una joya distinta, diseñada para satisfacer necesidades particulares y para potenciar la labor que Dios nos ha encomendado. A continuación, se expande y profundiza en la clasificación de estos dones según sus funciones en la Iglesia:

1. Dones de Servicio (Romanos 12:6-8)
Estos dones se caracterizan por la capacidad de servir de manera práctica y compasiva dentro de la comunidad de fe. Su propósito no es elevar al individuo, sino fortalecer al cuerpo de Cristo:

- Profecía: Se entiende como la capacidad de declarar con autoridad la voluntad de Dios, interpretarla y comunicarla al pueblo. No se trata simplemente de predecir el futuro, sino de hablar verdad divina en momentos de necesidad, anunciando luz y esperanza cuando la oscuridad prevalece. La profecía, en este sentido, es una guía espiritual que alerta y fortalece a la comunidad.

- Servicio: Este don se manifiesta en una disposición genuina para ayudar en las necesidades prácticas del prójimo y de la Iglesia. Es una actitud de entrega que se traduce en acciones concretas: atender a los enfermos, asistir a los necesitados, y colaborar en las labores cotidianas que hacen posible el funcionamiento del hogar de Dios.

- Enseñanza: El don de enseñar va más allá de transmitir conocimiento; implica explicar y aplicar la verdad bíblica de forma clara y efectiva. Es un arte que abre las mentes y transforma corazones, permitiendo a los creyentes comprender las Escrituras y aplicarlas a su vida diaria, de manera que la fe se traduzca en práctica.

- Exhortación: Con frecuencia, este don se ve reflejado en la capacidad de animar, alentar y fortalecer a los miembros de la comunidad. La exhortación se manifiesta en palabras que edifican, motivan y, sobre todo, invitan a una vida de fidelidad y compromiso con Dios.

- Generosidad:
La generosidad se expresa en la facilidad para dar con alegría y desprendimiento, sin esperar nada a cambio. No es solo una entrega material, sino también un compromiso de tiempo, recursos y energía para sostener a la iglesia y atender a quienes lo necesitan, evidenciando el amor incondicional de Dios.

- Liderazgo: Este don implica la capacidad de guiar con diligencia y responsabilidad. No se trata de imponer, sino de dirigir con humildad, sabiduría y una visión centrada en el bienestar del cuerpo de Cristo. El liderazgo en el ámbito espiritual impulsa el crecimiento, la coordinación y la unidad de la comunidad.

- Misericordia: La misericordia refleja un corazón compasivo, dispuesto a mostrar cuidado sincero por otros. Es el acto de ponerse en el lugar del prójimo, de ofrecer consuelo en momentos de dolor y de actuar con empatía ante las dificultades, siguiendo el ejemplo de amor y perdón que Jesús nos dejó.

2. Dones Sobrenaturales (1 Corintios 12:8-10)

Estos dones evidencian el poder sobrenatural del Espíritu Santo, manifestándose en formas que trascienden las capacidades humanas naturales:

- Palabra de sabiduría: Es la habilidad de aplicar conocimientos divinos de manera efectiva y pertinente en situaciones complejas. Quienes poseen este don son capaces de ver soluciones y caminos basados en la perspectiva de Dios, ofreciendo un consejo que ilumina y dirige situaciones difíciles.

La Lluvia Tardía

- Palabra de conocimiento: Este don permite comprender y discernir profundos misterios espirituales. A través de revelaciones que van más allá del conocimiento humano, aquellos que ostentan esta capacidad pueden comprender verdades sobre el carácter de Dios y la realidad espiritual, comunicándolas de forma edificante.

- Fe: El don de la fe consiste en confiar en Dios de manera extraordinaria, incluso en circunstancias que rechazan toda lógica humana. Esta fe sobrenatural impulsa a actuar en situaciones que requieren una convicción profunda y una rendición total a la voluntad divina.

- Sanidad: La sanidad es el poder restaurador del Espíritu que se manifiesta para curar enfermedades y dolencias. Más allá de la medicina, esta capacidad refleja la intervención divina para traer restauración física y, a menudo, un testimonio del amor y el poder de Dios en medio del sufrimiento.

- Milagros: Son manifestaciones del poder sobrenatural de Dios que rompen con la normalidad del mundo natural. Los milagros son señales que confirman la presencia de Dios, testimoniando Su autoridad y su capacidad para intervenir en la historia.

La Lluvia Tardía

- Profecía (sobrenatural): Si bien la profecía también se ubica entre los dones de servicio, en este contexto adquiere una dimensión que va más allá, siendo la capacidad de recibir y proclamar revelaciones directas de Dios con una autoridad que trasciende lo ordinario.

- Discernimiento de espíritus: Esta capacidad permite identificar y distinguir entre las influencias espirituales. Quienes poseen este don pueden reconocer la presencia del mal o confirmar la autenticidad de lo que proviene del Espíritu Santo, protegiendo a la comunidad de engaños.

- Lenguas: Es el don de hablar en idiomas desconocidos de manera natural, sin necesidad de aprendizaje previo, como señal de la inspiración del Espíritu. Este don sirve para el edificar a los creyentes y para manifestar el poder de Dios de manera visible.

- Interpretación de lenguas: Complementario al don de lenguas, este es el don de traducir y clarificar esos mensajes en lenguas desconocidas, para que toda la comunidad pueda ser edificada y comprendida el mensaje que Dios quiere transmitir.

3. Dones Ministeriales (Efesios 4:11)

Estos dones están específicamente orientados a la edificación de la Iglesia y a la divulgación del evangelio, enfocándose en las funciones ministeriales y el liderazgo espiritual:

- Apóstoles: Aquellos llamados a ser fundadores y supervisores de iglesias. Su misión es establecer y apoyar comunidades de fe, marcando el inicio de movimientos eclesiásticos que trascienden fronteras.

- Profetas (ministeriales): Son mensajeros especiales que comunican los designios de Dios de manera directa y autorizada, aportando claridad y dirección en momentos críticos para la Iglesia.

- Evangelistas: Este don se encarga de llevar el mensaje del evangelio a quienes aún no han sido alcanzados, encendiendo en ellos el deseo de conocer a Cristo y formar parte del cuerpo.

- Pastores: Con el rol de cuidar y guiar espiritualmente a la congregación, estos líderes se dedican a nutrir, proteger y fortalecer a la comunidad de fe, velando por su estabilidad y crecimiento espiritual.

- Maestros: Se encargan de instruir a los creyentes en la doctrina cristiana, profundizando en la comprensión de la

La Lluvia Tardía

Palabra de Dios y preparándolos para un servicio efectivo dentro del cuerpo.

4. Dones de Administración y Ayuda (1 Pedro 4:10)
Estos dones facilitan el funcionamiento práctico y logístico de la Iglesia, haciendo posible que todos los esfuerzos se coordinen eficientemente:

- Administración: La capacidad de organizar y dirigir efectivamente los recursos y energías de la comunidad. Quienes tienen este don se aseguran de que cada aspecto de la vida eclesiástica fluya de manera ordenada, permitiendo que la misión se realice con eficacia.

- Ayuda: Este don se manifiesta en una actitud humilde y dispuesta a servir, facilitando el apoyo continuo a la comunidad. Es el don de estar presente en cada necesidad, ofreciendo asistencia y cuidado de manera compasiva y desinteresada.

Ejemplos Bíblicos de Dones en Acción
Al repasar las Escrituras, encuentro ejemplos inspiradores que ilustran cómo Dios otorgó y utilizó estos dones para Su gloria:

- Moisés y el liderazgo (Éxodo 3:10-12): Aunque inicialmente dudoso, Moisés fue

La Lluvia Tardía

llamado, equipado y guiado por Dios para liderar a Israel fuera de la esclavitud, demostrando un liderazgo que transformó a toda una nación.

- Bezalel y Aholiab (Éxodo 31:1-6): Estos artífices fueron dotados con el don de artesanía. Con gran habilidad, contribuyeron a la construcción del tabernáculo, evidenciando cómo la creatividad inspirada por Dios crea estructuras sagradas para adorarle.

- Pedro y el don de predicación (Hechos 2:14-41): En Pentecostés, Pedro, lleno del poder del Espíritu, proclamó el evangelio y condujo a miles al camino de la salvación, mostrando el impacto de un don que trasciende lo meramente verbal.

- Pablo y el don de enseñanza (Romanos 1:1; 1 Timoteo 2:7): El apóstol Pablo, a través de su profundo entendimiento de la Palabra, formó doctrinalmente a la Iglesia, sentando cimientos firmes para futuras generaciones de creyentes.

Reflexión

La diversidad de los dones espirituales es un testimonio de la riqueza de la gracia de Dios y Su deseo de ver una Iglesia vibrante y unida, donde cada miembro tiene un papel único y esencial. Mientras reflexionas sobre tus propios dones o

La Lluvia Tardía

observas cómo operan en tu comunidad, te animo a meditar en las siguientes preguntas:

Preguntas para Reflexión Personal:
1. ¿Has identificado los dones espirituales que Dios te ha dado y comprendido su propósito en tu vida?

2. ¿Cómo puedes usar tus dones para edificar la Iglesia y para que el evangelio alcance a más personas?

3. ¿Confías en la guía del Espíritu Santo al ejercer tu don, o te apoyas más en tus propias capacidades?

4. ¿Qué pasos concretos puedes tomar para evitar caer en el orgullo y en la competencia, y así servir de manera humilde y eficaz?

Preguntas para Discernimiento Comunitario:
1. ¿Está nuestra Iglesia promoviendo el uso equitativo de los dones espirituales entre todos sus miembros?

2. ¿Cómo podemos ayudar a los nuevos creyentes a descubrir y ejercer los dones que el Espíritu Santo les ha confiado?

3. ¿Estamos dirigiendo nuestros esfuerzos en función de la obra transformadora del Espíritu, en vez de depender solamente de estructuras organizativas humanas?

La Lluvia Tardía

Que esta exploración profunda de los dones espirituales te inspire a ver en cada manifestación del Espíritu una invitación a servir, a crecer en unidad y a ser una fuerza viva para la gloria de Dios. Recuerda que tus dones no son meramente talentos, sino poderosas herramientas del Reino que, usadas en amor y humildad, edifican un cuerpo de Cristo vibrante, preparado para llevar el mensaje de salvación a cada rincón del mundo.

Cada uno recibió un don específico, destinado a cumplir una tarea concreta dentro del plan eterno de Dios.

Contexto Histórico y Cultural
En mí caminar de fe he llegado a descubrir que, en la era grecorromana, los dones se entendían simplemente como habilidades naturales o talentos adquiridos a base de entrenamiento riguroso. Sin embargo, al adentrarme en la Palabra de Dios, comprendí que la enseñanza bíblica nos invita a mirar más allá: los dones espirituales son manifestaciones sobrenaturales del Espíritu Santo, regalos celestiales que transforman nuestra vida y nos capacitan para participar en la obra eterna del Reino.

Hoy en día, muchos en la Iglesia aún confunden los dones espirituales con meras habilidades humanas. A veces oigo decir que es cuestión de talento o destreza, olvidando que estos regalos son fruto de la

La Lluvia Tardía

gracia divina. La falta de discernimiento frente a lo que proviene verdaderamente del Espíritu y lo que es simplemente una imitación ha generado una desconexión en el uso de estos dones. Algunos hermanos y hermanas no utilizan sus regalos para la edificación del cuerpo de Cristo, perdiendo de vista que cada don es otorgado para servir al prójimo y glorificar a Dios.

Las palabras de Elena G. de White han iluminado mi entendimiento respecto a esta realidad. En *El Conflicto de los Siglos*, ella declara:

"Dios ha dotado a su Iglesia con diversos talentos, y cada uno debe ser empleado para su gloria. La obra de Dios no avanza por el esfuerzo de unos pocos, sino por la cooperación de todos" (White, 1911, p. 601).

Y en *El Camino a Cristo* me recuerda que: "Cuando los miembros de la Iglesia trabajan en armonía, cada uno usando los dones que Dios le ha dado, el cuerpo de Cristo se fortalece y el evangelio avanza con poder" (White, 1892, p. 75).

Estas inspiradoras palabras me impulsan a buscar siempre la unidad en diversidad y a reconocer que el verdadero poder del evangelio se manifiesta en un cuerpo de fe donde todos colaboramos desinteresadamente. Dios, en Su infinita sabiduría, no reparte dones arbitrariamente, sino que cada regalo es una joya única destinada a satisfacer las diversas necesidades del cuerpo de Cristo.

La Lluvia Tardía

Al contemplar la descripción de los dones espirituales, me doy cuenta de que cada uno de estos regalos es una manifestación de la gracia de Dios para un propósito específico. Conocerlos y entender su verdadera naturaleza no es solo un ejercicio informativo, sino un acto transformador que nos impulsa a discernir cuál de estos dones el Espíritu ha depositado en nosotros y cómo podemos ponerlos al servicio del Reino.

Quisiera invitarte a reflexionar en tu propio caminar y en el de nuestra comunidad de fe. Considera estas preguntas:

Preguntas para Reflexión Personal:
1. ¿Has identificado los dones espirituales que Dios te ha confiado?

2. ¿De qué manera puedes usar esos dones para edificar a la Iglesia y expandir el evangelio en tu entorno?

3. ¿Estás permitiendo que el Espíritu Santo guíe tu servicio, o dependes excesivamente de tus propias capacidades?

4. ¿Qué pasos concretos podrías tomar para evitar caer en el orgullo o la competencia en la manifestación de tus dones?

La Lluvia Tardía

Preguntas para Discernimiento Comunitario:
1. ¿Está nuestra Iglesia promoviendo el uso de los dones espirituales de manera justa y equitativa entre sus miembros?

2. ¿Cómo podemos ayudar a los nuevos creyentes a descubrir, ejercitar y poner en práctica los dones que el Espíritu les ha otorgado?

3. ¿Estamos dedicando nuestros esfuerzos a la verdadera obra del Espíritu Santo, o seguimos aferrados a estructuras organizativas que limitan nuestra flexibilidad para actuar?

Cada don es una invitación a servir, a ser parte activa de un cuerpo vibrante y unido que manifiesta el poder de Dios en el mundo. Al abrazar la diversidad de estos regalos y ponerlos al servicio del Reino, nos convertimos en testigos vivos del amor divino y de la gracia que transforma el corazón humano. Que esta meditación te inspire a hacer brillar el don que el Espíritu te ha confiado, para que juntos podamos construir una Iglesia que avance con pasión y unidad, honrando a Dios en cada acto de servicio.

Capítulo 5: La dinámica de los dones espirituales

A lo largo de mi caminar en la fe, he llegado a comprender que los dones espirituales son mucho más que simples habilidades o adornos para nuestra existencia. Son regalos dinámicos, profundamente prácticos y relacionales, que fluyen del mismo Espíritu para edificar el cuerpo de Cristo. Imaginarme entrando en la sala del trono celestial, donde el Espíritu reparte joyas únicas a cada creyente, me llena de asombro y gratitud. Cada don está diseñado para cumplir un propósito divino: capacitar a la Iglesia para actuar en unidad, en amor y en misión.

La Biblia me enseña que estos dones no se esconden en pasividad; operan en un continuo movimiento y crecimiento. Como dice Romanos 12:6, "De manera que, teniendo diferentes dones, según la gracia que nos es dada, usémoslos". Esto me recuerda que Dios espera que practiquemos y ejercitemos nuestros dones, no que los guardemos inactivos. Es en esa acción diaria donde cada don florece y se hace instrumento de vida para el cuerpo de Cristo.

Con el tiempo he comprendido que ningún don actúa en soledad. Tal como se expresa en Romanos 12:4, "Porque de la manera que en un cuerpo tenemos muchos miembros, pero no todos los

La Lluvia Tardía

miembros tienen la misma función", cada don se interrelaciona con los demás para formar un organismo vivo y armonioso. He visto de cerca que, cuando mis dones se ejercen en comunión con los de otros, se multiplican y tienen mayor impacto. Y es que sin amor —como nos enseña 1 Corintios 13:1— toda manifestación de un don se vuelve hueca, como un metal que resuena sin encontrar sentido.

También reconozco que los dones, al igual que una semilla, pueden desarrollarse y crecer si se les nutre adecuadamente. La exhortación de Pablo en 2 Timoteo 1:6, "Por lo cual te aconsejo que avives el fuego del don de Dios que está en ti", me impulsa a no dejar que mi don se atrofie, sino a ejercitarlo y fortalecerlo a través del servicio activo y la devoción constante.

Puedo recordar vívidamente el emocionante ejemplo de los discípulos en Pentecostés, cuando fueron todos llenos del Espíritu y comenzaron a manifestar dones de forma milagrosa (Hechos 2:1-4). Esas poderosas imágenes de conversión y transformación me inspiran a creer que, como creyente, yo también he sido equipado para cumplir una tarea específica en la obra de Dios. La conversión marca el inicio de un llamado en el que nuestros dones llegan para poner en acción la voluntad divina.

Al mirar el contexto histórico, me doy cuenta de que en la época grecorromana los dones se entendían

La Lluvia Tardía

como habilidades naturales o destrezas adquiridas a través de un entrenamiento riguroso. Sin embargo, la enseñanza bíblica nos reta a ver más allá, revelándonos que los dones espirituales son manifestaciones sobrenaturales del Espíritu Santo. Hoy, en medio de una cultura que a veces confunde talento con don, es vital discernir la diferencia y no perder de vista la misión que Dios nos ha encomendado: edificar la Iglesia.

En este sentido, las inspiradoras palabras de Elena G. de White han sido un faro en mi vida. En *El Conflicto de los Siglos* leí que "Cuando los miembros de la Iglesia se consagran plenamente a la obra de Dios, el Espíritu Santo será derramado en medida abundante, y la obra de Dios avanzará con poder" (White, 1911, p. 601). Y en *El Camino a Cristo* se destaca que "Cuando los miembros de la Iglesia trabajan en armonía, cada uno usando los dones que Dios le ha dado, el cuerpo de Cristo se fortalece y el evangelio avanza con poder" (White, 1892, p. 75). Estas verdades me animan constantemente a buscar esa unidad en la diversidad de los dones, recordándome que el verdadero poder del evangelio reside en la colaboración de todos nosotros para cumplir la misión de Dios.

Quisiera compartir contigo algunos de los dones que se agrupan en distintas categorías y que he descubierto en mi camino:

La Lluvia Tardía

Dones de Servicio: Estos incluyen la profecía, que es la capacidad de declarar con autoridad la voluntad de Dios, así como la enseñanza, que nos permite explicar y aplicar la verdad bíblica de forma transformadora. También se manifiesta en la exhortación, un don que anima y fortalece al creyente; en el servicio, que enseña a ayudar en las necesidades prácticas; en la generosidad, que inspira a dar con alegría; en el liderazgo, que nos llama a guiar con diligencia; y en la misericordia, que se expresa en un sincero cuidado por otros.

Dones Sobrenaturales: Estos son regalos que van más allá del entendimiento humano, como la palabra de sabiduría y conocimiento, que nos dotan de comprender verdades espirituales profundas. El don de fe nos impulsa a confiar en Dios contra todo pronóstico, mientras que la sanidad y los milagros son manifestaciones tangibles del poder divino para restaurar y transformar. Además, se nos da el don de lenguas y su interpretación, que sirven para edificar a la comunidad mediante mensajes inspirados y claros, y el discernimiento de espíritus, el cual nos ayuda a distinguir entre influencias verdaderamente divinas y aquellas que imitan lo sagrado.

Dones Ministeriales: Estos dones, como el de apóstol, profeta, evangelista, pastor y maestro, están destinados a edificar la Iglesia, guiar a los creyentes y llevar el evangelio a quienes aún no lo conocen, formando así un liderazgo espiritual robusto que sostiene todo el cuerpo.

Dones de Administración y Ayuda: Finalmente, la administración y el don de ayuda se manifiestan en la capacidad de organizar, dirigir y asistir de forma humilde y desinteresada, haciendo que cada esfuerzo se realice con eficiencia y amor.

Al meditar en la diversidad de estos dones, recuerdo ejemplos bíblicos que iluminan su poder: Moisés fue un líder extraordinario, Bezalel y Aholiab dispusieron de habilidades artísticas para construir el tabernáculo, Pedro renovó la vida de la Iglesia en Pentecostés con su predicación y Pablo, con su don de enseñanza, formó a generaciones de creyentes.

Te invito a acompañarme en una reflexión sincera sobre tu propio caminar:

- ¿Has identificado los dones espirituales que Dios te ha confiado?

- ¿Cómo puedes usar esos dones para edificar la Iglesia y expandir el evangelio radicalmente?

- ¿Permites que el Espíritu Santo te guíe, o te apoyas más en tus propias habilidades, olvidando la verdadera fuente de poder?

- ¿Qué pasos prácticos puedes dar para evitar que el orgullo o la competencia oscurezcan la belleza de tu don?

La Lluvia Tardía

Y a nivel comunitario, preguntémonos juntos:
- ¿Está nuestra Iglesia promoviendo el uso equitativo de los dones entre todos sus miembros?

- ¿Cómo podemos ayudar a los nuevos creyentes a descubrir y poner en práctica las maravillas que el Espíritu les ha regalado?

- ¿Estamos poniendo nuestra confianza en la obra transformadora del Espíritu Santo, dejando de lado estructuras organizativas que limitan nuestro potencial?

Contemplar la dinámica de los dones espirituales me recuerda cada día que, lejos de ser estáticos o decorativos, estos regalos están vivos y en constante movimiento, impulsando a la Iglesia a ser un instrumento efectivo del reino de Dios. Que esta meditación personal te inspire a abrazar la diversidad de los dones, a descubrir la joya única que el Espíritu ha puesto en tu vida y a compartirla con pasión, sabiduría y amor para que el evangelio avance con poder en cada rincón del mundo.

Este estudio nos recuerda que los dones espirituales son **manifestaciones del Espíritu Santo**, otorgados por el Padre y guiados por el Hijo. Cada creyente tiene un papel fundamental en el cuerpo de Cristo. ¿Cómo podemos asegurarnos de que estamos usando nuestros dones para la gloria de Dios y el crecimiento de su Iglesia?

Dones y Liderazgo Espiritual

Durante mi caminar en la fe he llegado a comprender que el liderazgo en la Iglesia no es simplemente una cuestión de títulos o de habilidades meramente humanas, sino que se fundamenta en la evidencia de los dones espirituales conferidos por el Espíritu Santo. En mi experiencia personal, he visto cómo un pastor que posee el don del pastorado, la enseñanza y el liderazgo se convierte en un auténtico siervo que guía a la comunidad con amor y sabiduría, mientras que un anciano que demuestra sabiduría y capacidad de exhortar se vuelve el faro que ilumina y orienta a otros en tiempos de incertidumbre. Esta convicción me ha llevado a creer firmemente que cada cargo eclesiástico debe estar respaldado por el don correspondiente para cumplir fielmente con la misión que Dios asigna.

Al reflexionar en las Escrituras, encuentro en Efesios 4:11 que "Y él mismo constituyó a unos, apóstoles; a otros, profetas; a otros, evangelistas; a otros, pastores y maestros", lo que me enseña que Dios, en su soberanía, asigna líderes basados en dones espirituales específicos. Esto significa que el verdadero liderazgo no se basa en criterios humanos ni en el estatus social, sino en la manifestación del Espíritu en la vida de cada uno. Recuerdo claramente cómo en Hechos 6:3 se nos exhorta a

La Lluvia Tardía

buscar líderes llenos del Espíritu y de sabiduría, lo que me hace pensar en la importancia de que nuestros líderes reflejen una profunda comunión con Dios.

He aprendido también que el liderazgo debe ejercerse con humildad y un espíritu de servicio, tal como Jesús nos enseñó en Mateo 20:27: "El que quiera ser el primero entre vosotros, será vuestro siervo". Personalmente, he experimentado la diferencia cuando lidero desde un corazón lleno de servicio en lugar de buscar la exaltación personal. Cada vez que cultivo mi don y permito que el Espíritu Santo lo active, encuentro una alegría que trasciende cualquier reconocimiento humano, porque sé que lo hago para edificar al cuerpo de Cristo.

Otra verdad que me ha marcado es la importancia de avivar continuamente el don que Dios me ha confiado; en 2 Timoteo 1:6 se nos exhorta a "avivar el fuego del don de Dios que está en ti". Esto significa que, como líderes, no debemos dejar que la pasión por servir se enfríe, sino que debemos buscar siempre la renovación espiritual para ejercer nuestro llamado con eficacia. En mi propio ministerio, he aprendido a depender más del poder del Espíritu que de mis propias habilidades, reconociendo que sin Él, nuestros esfuerzos se quedan cortos.

La Biblia nos da numerosos ejemplos de líderes que sirvieron con dones claramente evidenciados:

La Lluvia Tardía

• Moisés fue llamado y equipado por Dios para guiar a Israel (Éxodo 3:10-12), mostrándome que el liderazgo efectivo proviene de una profunda dependencia de Dios. • Salomón, con el don de sabiduría, gobernó con discernimiento divino (1 Reyes 3:9-12), enseñándome que la sabiduría es vital para tomar decisiones justas y compasivas. • Pedro, con su don de predicar, encendió la llama del evangelio en Pentecostés (Hechos 2:14-41), demostrando que el poder de la palabra de Dios puede transformar multitudes. • Pablo, a través del don de la enseñanza, formó doctrinalmente a generaciones de creyentes (Romanos 1:1; 1 Timoteo 2:7), dejándome un legado de instrucción ministerial que aún hoy inspira a seguir profundizando en la Palabra.

En cuanto al contexto histórico y cultural, recuerdo que en el mundo grecorromano el liderazgo se definía por el estatus social y la capacidad natural adquirida mediante entrenamiento, una perspectiva totalmente distinta a la verdad revelada en la Biblia. Hoy, muchos aún caen en la trampa de elegir líderes por influencia social, olvidando que el llamado divino se manifiesta en la presencia del Espíritu y en la evidencia de los dones espirituales. Este desenfoque genera aquello que he visto en mi ministerio: una desconexión entre liderazgo y el servicio genuino que Dios desea para su pueblo.

La Lluvia Tardía

Las palabras inspiradoras de Elena G. de White me han ayudado a profundizar en este entendimiento. Recuerdo que en *El Conflicto de los Siglos* ella escribió:

"Cuando los líderes de la Iglesia trabajan en armonía, cada uno usando los dones que Dios le ha dado, el cuerpo de Cristo se fortalece y el evangelio avanza con poder" (White, 1911, p. 601).

Y en *El Camino a Cristo* resalta: "Sin el Espíritu Santo, los dones no pueden operar con eficacia. Es el poder divino el que transforma los talentos humanos en herramientas para la gloria de Dios" (White, 1892, p. 75). Estas palabras me impulsan a evaluar mi propio liderazgo y a motivarme para ayudar a otros a descubrir y cultivar los dones que el Espíritu les ha dado.

Te invito a que reflexiones en tu vida personal:

1. ¿Has identificado los dones espirituales que Dios te ha confiado para el liderazgo?

2. ¿Cómo puedes usar esos dones para edificar a la Iglesia y promover la expansión del evangelio?

3. ¿Estás permitiendo que el Espíritu Santo guíe tu liderazgo, o dependes más de tus propias capacidades?

4. ¿Qué pasos concretos puedes tomar para evitar el orgullo o la competencia en el ejercicio de tu liderazgo espiritual?

Y a nivel comunitario, pensemos juntos:
1. ¿Está nuestra Iglesia promoviendo el liderazgo basado en dones espirituales genuinos y no en criterios meramente humanos?

2. ¿Cómo podemos ayudar a los nuevos líderes a descubrir sus dones y ponerlos en práctica para el beneficio de la comunidad?

3. ¿Estamos enfocándonos en la obra transformadora del Espíritu Santo en lugar de aferrarnos a estructuras organizativas rígidas?

Cada uno de estos desafíos y reflexiones me recuerda que el liderazgo espiritual se nutre de la humildad, la dependencia total de Dios y la activa manifestación de los dones que el Espíritu Santo derrama. Somos llamados no solo a dirigir, sino a servir, a edificar mutuamente y a avanzar en la misión que Dios nos ha confiado. Que este llamado te inspire a liderar con pasión, sabiduría y un corazón servicial, en perfecta sintonía con el Espíritu y para la gloria de Dios.

Este estudio nos recuerda que el liderazgo en la Iglesia debe estar **respaldado por dones espirituales** y guiado por el Espíritu Santo. Cada creyente tiene un papel fundamental en el cuerpo de Cristo. ¿Cómo podemos asegurarnos de que estamos usando nuestros dones para la gloria de Dios y el crecimiento de su Iglesia?

Dones y Ministerios Prácticos

En mi caminar con Cristo he descubierto que los dones espirituales no se limitan a las aulas de la doctrina o a los rituales teológicos; van mucho más allá. He sentido que estos regalos divinos se manifiestan de manera muy práctica en la vida de la Iglesia, desde el poderoso mensaje que salva almas hasta el tierno acto de recibir a un visitante en el umbral de un templo. Cada ministerio práctico — sea la hospitalidad, la intercesión, la ayuda financiera, el acompañamiento espiritual o el evangelismo— es una oportunidad para dejar que el Espíritu Santo guíe nuestras acciones y nos convierta en testimonios vivos de Su amor.

Recuerdo cuando, en uno de esos momentos intensos de oración, comprendí que la hospitalidad no era solo una cortesía, sino un ministerio que abre el corazón de la Iglesia al prójimo, ofreciendo un ambiente cálido y afectuoso que hace palpable la presencia divina. Del mismo modo, he sido testigo de cómo el don de intercesión se multiplica en los equipos de oración, donde el fervor y la unidad en la batalla espiritual se convierten en un muro de

La Lluvia Tardía

esperanza para aquellos que atraviesan momentos difíciles.

La Biblia nos llama a usar a cada don para el bien común. En 1 Pedro 4:10 se nos recuerda:

"Cada uno según el don que ha recibido, minístrelo a los otros, como buenos administradores de la multiforme gracia de Dios."

Este versículo ha sido una constante en mi vida y me ha enseñado que nuestros dones, ya sean para exhortar, enseñar o incluso para llevar el evangelio a través de campañas públicas o mediante redes sociales, deben ser ejercidos con diligencia. Como nos dice Romanos 12:6:

"Teniendo diferentes dones, según la gracia que nos es dada, usémoslos."

Aquí se hace énfasis en la necesidad de no guardar nuestros dones en silencio, sino de ponerlos en acción a favor de una Iglesia unida y comprometida con su misión.

He llegado a ver que nada de lo que hacemos está aislado. Así como en un cuerpo cada miembro tiene su función, en la Iglesia cada don es indispensable. Nadie puede ejercer su ministerio de forma aislada, porque todos trabajamos en interdependencia, tal como nos enseña Romanos 12:4:

La Lluvia Tardía

"Porque de la manera que en un cuerpo tenemos muchos miembros, pero no todos los miembros tienen la misma función."

Sin amor, sin esa motivación cuya fuente es el corazón transformado por Cristo, incluso el don más impresionante se queda vacío. Recordemos lo que Pablo dice en 1 Corintios 13:1, que la vocalización sin amor es como un metal que simplemente resuena sin producir frutos.

He aprendido además que los dones pueden florecer o, al descuidarlos, atrofiarse. Es por eso que me intento a diario en "avivar el fuego del don de Dios que está en mí" (2 Timoteo 1:6), porque la práctica hace que nuestros regalos se desarrollen y sean efectivos, transformando nuestra vida y la comunidad a nuestro alrededor.

La Biblia nos da bellos ejemplos prácticos de cómo estos dones se materializaron en momentos clave de la historia de la Iglesia. Recuerdo la obra de Bezalel y Aholiab, quienes usaron su don de artesanía para construir el tabernáculo, un lugar de encuentro sagrado, en Éxodo 31:1-6. También pienso en los primeros diáconos de la Iglesia primitiva, quienes organizaron y sirvieron a los necesitados, demostrando que el servicio es una manifestación tangible del amor de Dios. Y no puedo olvidar la impactante predicación de Pedro en Pentecostés (Hechos 2:14-41) y el ministerio de enseñanza de

La Lluvia Tardía

Pablo (Hechos 19:8-10), ejemplos de cómo cada don cumple un rol específico para la obra de Dios.

Al reflexionar en este contexto, me doy cuenta de que en el mundo grecorromano, se concebían los dones simplemente como habilidades naturales o destrezas adquiridas. Pero la revelación bíblica nos muestra que estos dones son, en verdad, manifestaciones sobrenaturales del Espíritu Santo. Hoy, la Iglesia se enfrenta a desafíos similares: existe una confusión entre talento humano y don espiritual, y a veces incluso ignoramos la verdadera misión de edificar el cuerpo de Cristo.

Las palabras de Elena G. de White han sido una luz en mi vida. Recuerdo con especial gratitud su afirmación en *El Conflicto de los Siglos*:

"Cuando los miembros de la Iglesia se consagran plenamente a la obra de Dios, el Espíritu Santo será derramado en medida abundante, y la obra de Dios avanzará con poder." (White, 1911, p. 601)

Y en *El Camino a Cristo* se nos recuerda que: "Cuando los miembros de la Iglesia trabajan en armonía, cada uno usando los dones que Dios le ha dado, el cuerpo de Cristo se fortalece y el evangelio avanza con poder." (White, 1892, p. 75)

Estas palabras me inspiran a buscar, tanto en mi vida personal como en mi comunidad, una plena dependencia en el poder transformador del Espíritu.

La Lluvia Tardía

Te invito a acompañarme en una reflexión sincera sobre nuestro caminar:

Preguntas para Reflexión Personal:
1. ¿Has identificado los dones espirituales que Dios te ha confiado?

2. ¿Cómo puedes usar esos dones para edificar a la Iglesia y expandir el evangelio en tu entorno?

3. ¿Estás dejando que el Espíritu Santo guíe cada acción de tu servicio, o te apoyas en tus propias habilidades?

4. ¿Qué pasos puedes tomar para evitar que el orgullo o la competencia empañen la verdadera vocación de tu don?

Preguntas para Discernimiento Comunitario:
1. ¿Está nuestra Iglesia promoviendo el uso de los dones espirituales de manera equitativa entre todos los miembros?

2. ¿Cómo podríamos ayudar a los nuevos creyentes a descubrir y poner en práctica esos maravillosos regalos del Espíritu?

3. ¿Estamos más enfocados en estructuras organizativas rígidas o en permitir que la obra del Espíritu Santo fluya libremente para edificar el cuerpo de Cristo?

La Lluvia Tardía

Cada uno de nosotros ha recibido del Espíritu una joya única destinada a transformar nuestro entorno. Al integrar nuestros dones en la práctica de la Iglesia, nos convertimos en un cuerpo vivo, activo, y profundamente dependiente del poder del Espíritu. Que esta reflexión te motive a hacer brillar tu don para la gloria de Dios, sirviendo con pasión, sabiduría y amor en tu comunidad de fe.

Este estudio nos recuerda que los dones espirituales son **manifestaciones del Espíritu Santo**, otorgados por el Padre y guiados por el Hijo. Cada creyente tiene un papel fundamental en el cuerpo de Cristo. ¿Cómo podemos asegurarnos de que estamos usando nuestros dones para la gloria de Dios y el crecimiento de su Iglesia?

Dones y Unidad del Cuerpo

Durante mi caminar de fe he llegado a comprender que uno de los frutos más bellos de la plenitud de los dones espirituales es la unidad. Recuerdo con asombro cómo, al estudiar la Palabra, Pablo nos reveló que "así como el cuerpo es uno, y tiene muchos miembros... así también Cristo" (1 Corintios 12:12). Esa imagen me impactó profundamente, pues me hizo ver que cuando cada miembro ejerce el don que Dios le ha confiado, desaparecen la envidia, la comparación y la apatía, y en su lugar surge una interdependencia divina: quien enseña necesita del que sirve, quien exhorta precisa de aquel que intercede, y quien lidera depende del que administra. Es en esa diversidad armoniosa que el cuerpo de Cristo crece sano y fuerte.

He aprendido que la Biblia nos enseña principios esenciales sobre cómo los dones fortalecen la unidad en la Iglesia. Por ejemplo, entiendo que cada miembro es indispensable, como dice en 1 Corintios 12:18:

"Pero ahora Dios ha colocado los miembros cada uno de ellos en el cuerpo, como él quiso."

No existe un creyente superfluo, porque cada uno tiene su función única dentro del gran diseño divino. Asimismo, sé que los dones deben operar en perfecta armonía. En 1 Corintios 12:25 se nos exhorta a actuar de tal manera "para que no haya división en el cuerpo, sino que todos los miembros se preocupen los unos por los otros". Esta unidad se sostiene sobre el vínculo perfecto del amor, como Colosenses 3:14 nos recuerda:

"Sobre todas estas cosas vestíos de amor, que es el vínculo perfecto."

Es en ese amor donde los dones encuentran su verdadero propósito: edificar y no dividir, como se enfatiza en Efesios 4:12, que nos dice que los dones son dados "a fin de perfeccionar a los santos para la obra del ministerio, para la edificación del cuerpo de Cristo."

La Lluvia Tardía

Durante mis estudios, he encontrado en la historia de la Iglesia y en los relatos bíblicos ejemplos que ilustran perfectamente cómo se manifiesta esa unidad. Recuerdo los días de Pentecostés, cuando los discípulos fueron llenos del Espíritu Santo y comenzaron a manifestar dones en completa unidad (Hechos 2:1-4). Pienso también en la actuación de los diáconos en la Iglesia primitiva, quienes, al administrar los recursos y atender a los necesitados (Hechos 6:1-7), fortalecieron la comunidad. Y no puedo olvidar cómo Pablo, junto a sus colaboradores, mostró que el liderazgo y el servicio se complementan (Romanos 16:1-16).

Al trasladar esta realidad al contexto histórico y cultural, me doy cuenta de que en el mundo grecorromano la sociedad estaba estructurada jerárquicamente, con divisiones marcadas entre clases y roles. La Iglesia primitiva, sin embargo, rompió con ese esquema, promoviendo la igualdad entre sus miembros, estableciendo una comunidad donde la fe y el servicio compartido eran las verdaderas señas de identidad. Hoy en día, la Iglesia enfrenta desafíos similares: nuestro mundo moderno a menudo enfatiza el individualismo y el consumismo religioso, y en ocasiones la fragmentación doctrinal genera divisiones en lugar de unidad.

En momentos de profunda reflexión, encuentro consuelo en las inspiradoras palabras de Elena G. de White. En *El Conflicto de los Siglos* leí que:

La Lluvia Tardía

"Cuando los miembros de la Iglesia trabajan en armonía, cada uno usando los dones que Dios le ha dado, el cuerpo de Cristo se fortalece y el evangelio avanza con poder" (White, 1911, p. 601).

Además, en *El Camino a Cristo* se subraya: "Sin el Espíritu Santo, los dones no pueden operar con eficacia. Es el poder divino el que transforma los talentos humanos en herramientas para la gloria de Dios" (White, 1892, p. 75).

Estas palabras me animan a buscar siempre esa unidad en diversidad, a dejar que mis dones y los de mis hermanos se integren en un solo cuerpo guiado por el Espíritu. No se trata de resaltar lo individual, sino de reconocer que cada habilidad, ya sea la capacidad de enseñar, servir, liderar o interceder, tiene su razón de ser y contribuye a la edificación del cuerpo de Cristo.

Te invito a reflexionar sobre estas preguntas en tu vida personal y en tu comunidad de fe:

Preguntas para Reflexión Personal:
1. ¿Has identificado los dones espirituales que Dios te ha dado?

2. ¿Cómo puedes usar tus dones para fortalecer la unidad en tu comunidad de fe?

3. ¿Estás permitiendo que el Espíritu Santo guíe tu servicio, o confías excesivamente en tus propias capacidades?

4. ¿Qué medidas puedes tomar para evitar el orgullo o la competencia en el ejercicio de tus dones?

Preguntas para Discernimiento Comunitario:
1. ¿Está nuestra Iglesia promoviendo el uso de los dones espirituales de manera equitativa entre sus miembros?

2. ¿Cómo podemos ayudar a los nuevos creyentes a descubrir y poner en práctica sus dones?

3. ¿Estamos poniendo nuestra confianza en la obra transformadora del Espíritu Santo, en lugar de en estructuras organizativas rígidas?

Cada don es una manifestación viviente del Espíritu, un regalo que nos une a todos en un cuerpo vibrante y en misión. Al reconocer y poner en práctica lo que el Espíritu ha depositado en nosotros, contribuimos no solo a nuestra edificación personal, sino también a la fortaleza y crecimiento del cuerpo de Cristo. ¿Cómo puedes hoy hacer brillar el don que el Espíritu te ha confiado para la gloria de Dios y el crecimiento de Su Iglesia? Que esta reflexión te inspire a abrazar la unidad en la diversidad, y a servir con humildad, sabiduría y, sobre todo, con un amor inquebrantable.

Este estudio nos recuerda que los dones espirituales son **manifestaciones del Espíritu Santo**, otorgados por el Padre y guiados por el Hijo. Cada creyente tiene un papel fundamental en el cuerpo de Cristo. ¿Cómo podemos asegurarnos de que estamos usando nuestros dones para la gloria de Dios y el crecimiento de su Iglesia?

Dones y Misión Global

Durante muchos años he meditado profundamente sobre el poder de los dones espirituales y su papel esencial en la misión global de la Iglesia. Recuerdo que en un momento de oración intensa, me invadió la certeza de que la buena voluntad ya no es suficiente; lo que se necesita es el poder del cielo obrando a través de vasos consagrados. Esa revelación naciente me llevó a comprender que una Iglesia que ignora sus dones está incompleta, mientras que una Iglesia que los activa se vuelve imparable, extendiendo el reino de Dios más allá de sus fronteras.

Pienso en lo que la Palabra nos dice en Marcos 16:17-18: "Estas señales seguirán a los que creyeren: en mi nombre echarán fuera demonios; hablarán nuevas lenguas; tomarán en las manos serpientes, y si bebieren cosa mortífera, no les hará daño; sobre los enfermos pondrán sus manos, y sanarán."

La Lluvia Tardía

Estas palabras, que resonaron en mi corazón, me mostraron la magnitud de lo que significa vivir bajo el poder del Espíritu. No se trata solo de palabras bonitas, sino de milagros, sanidades y conversiones en masa, manifestaciones poderosas de fe y discernimiento que nos llevan a creer que la misión global de Dios está en marcha. La promesa es clara: cada don manifestado es un instrumento de la gracia divina, un empuje sobrenatural que transforma vidas y comunidades.

He aprendido que todo comienza en lo secreto. Es en el silencio de una oración personal, en la intimidad de nuestro encuentro con Dios, donde cada creyente decide usar su don para la gloria del Altísimo. Esa decisión, tomada en lo profundo del alma, establece el cimiento para que el Espíritu Santo fluya con libertad a través de nosotros. Y tú, querido hermano o hermana, también eres parte de ese gran cuerpo. El Espíritu desea obrara a través de ti, equipándote para que seas un testigo vivo de compañía para la misión de Cristo en la tierra.

La Dinámica de los Dones y la Misión Global
La Biblia nos enseña principios fundamentales para entender cómo los dones espirituales impulsan la misión global:

1. Los dones son dados para testificar el poder de Dios. En Hechos 1:8, se nos promete:

"Recibiréis poder, cuando haya venido sobre vosotros el Espíritu Santo, y me seréis testigos…".

La Lluvia Tardía

Esto me recuerda que no se trata solo de un llamado a vivir una vida de fe, sino a ser portadores del poder de Dios que transforma el mundo, llevando el mensaje de salvación a cada rincón del planeta.

2. **Los dones fortalecen la evangelización.** Efesios 4:12 nos explica que los dones son destinados "a fin de perfeccionar a los santos para la obra del ministerio, para la edificación del cuerpo de Cristo". En mi experiencia, esto significa que cada gracia concedida no es un regalo para el beneficio personal, sino una herramienta para compartir el evangelio de manera efectiva y práctica, a través de palabras y acciones que inspiren cambio.

3. **La lluvia tardía traerá un avivamiento de dones.** La profecía de Hechos 2:17 y la visión del derramamiento del Espíritu resuenan poderosamente en mi caminar. Imaginar esa "lluvia tardía" —el último gran derramamiento del Espíritu que acompañará milagros, sanidades y conversiones en masa— me llena de esperanza. Es en ese tiempo de avivamiento que el poder de los dones se multiplicará y se hará evidente la plena manifestación del Reino.

4. **Cada creyente tiene un papel en la misión global.** Recordar 1 Pedro 4:10 me hace sentir que no hay creyentes sin dones. Cada persona es capacitada intencionalmente para servir y contribuir, formando un mosaico de

misericordia, sabiduría, liderazgo y, sobre todo, amor. Esa interconexión es la fuerza que hace a la Iglesia imparable frente a los desafíos de nuestro mundo.

Ejemplos Bíblicos que Ilustran Esta Misión
Al estudiar las experiencias de los primeros discípulos, me conmueve la imagen de aquellos que, al ser llenos del Espíritu en Pentecostés, comenzaron a manifestar dones de manera unida y poderosa (Hechos 2:1-4). Recuerdo también el ministerio de Felipe en Samaria, quien, movido por el don de evangelismo, llevó el mensaje del amor de Dios acompañado de señales milagrosas, cambiando la vida de incontables personas (Hechos 8:5-8).

No puedo olvidar cómo Pablo, con el don de enseñanza, edificó a la Iglesia en Éfeso durante dos años intensos (Hechos 19:8-10), y cómo Pedro, a través del don de sanidad, realizó milagros como sanar a un hombre cojo en la puerta del templo (Hechos 3:6-8). Cada uno de estos ejemplos me enfatiza que los dones se ponen en acción para cumplir el plan divino de redención; no son meras palabras, sino pruebas palpables del poder del Espíritu Santo obrando en medio de nosotros.

Contexto Histórico y Cultural
Es fascinante notar que en el mundo grecorromano la expansión de una fe nueva dependía en gran medida de mensajeros y líderes carismáticos. Sin embargo, la enseñanza bíblica rompe con ese paradigma, afirmando que la misión de Dios

depende del poder del Espíritu Santo y de la manifestación de los dones espirituales.

Hoy en día, la Iglesia enfrenta desafíos que resultan muy similares a aquellos de antaño:

- **Secularización:** La cultura contemporánea, a menudo, aleja a muchas personas de la fe, haciendo que sea difícil transmitir el mensaje del evangelio.

- **Indiferencia espiritual:** Hay quienes viven sin pasión ni urgencia por la misión, ignorando el profundo llamado de Dios a transformar el mundo.

- **Necesidad de unidad:** La fragmentación doctrinal y el individualismo amenazan con debilitar el testimonio colectivo del cuerpo de Cristo.

Las Palabras Inspiradoras de Elena de White

En momentos en que cuestiono el rumbo de la misión global, vuelvo a las palabras de Elena G. de White, que han sido una luz en mi recorrido espiritual. Recuerdo con gratitud su declaración en *El Conflicto de los Siglos*:

"Cuando los miembros de la Iglesia se consagren plenamente a la obra de Dios, el Espíritu Santo será derramado en medida abundante, y la obra de Dios avanzará con poder" (White, 1911, p. 601).

La Lluvia Tardía

Y también me reconforta su recordatorio en *El Camino a Cristo*:

"La lluvia tardía vendrá sobre aquellos que, mediante la fe y la oración, han preparado sus corazones para recibirla" (White, 1892, p. 75).

Estas enseñanzas no solo fortalecen mi convicción de que Dios tiene un propósito para cada don, sino que me animan a prepararme con fervor para ese gran avivamiento que, seguro, transformará vidas y comunidades.

Te invito a que, como yo, te detengas a reflexionar sobre el papel que juegan los dones espirituales en la misión de Dios. Considera estas preguntas en tu vida personal y en la comunidad de fe:

Preguntas para Reflexión Personal:
1. ¿Has identificado los dones espirituales que Dios te ha dado para la misión del Reino?

2. ¿Cómo puedes usar tus dones para la evangelización y el crecimiento del Reino?

3. ¿Estás permitiendo que el Espíritu Santo guíe tu ministerio, o confías demasiado en tus propias capacidades?

4. ¿Qué pasos concretos puedes tomar para prepararte para aquella lluvia tardía que avivará tu don y el de otros?

La Lluvia Tardía

Preguntas para Discernimiento Comunitario:
1. ¿Está nuestra Iglesia enfocada en la misión global, o se distrae con asuntos secundarios?

2. ¿Cómo podemos fomentar un compromiso más profundo y un liderazgo imbuido del poder del Espíritu para la evangelización y el servicio?

3. ¿Estamos orando y preparándonos activamente para recibir la lluvia tardía y el avivamiento que Dios prometió?

4. ¿De qué manera podemos ayudar a los creyentes a descubrir y usar sus dones espirituales para impactar las comunidades alrededor de nosotros?

Cada don es una manifestación única de la gracia divina, una herramienta de transformación que nos equipa para llevar la luz de Cristo a cada rincón de este mundo. Al abrazar y poner en acción los dones que Dios nos ha otorgado, nos convertimos en agentes implacables de cambio, comprometidos con la misión global.

Que esta meditación te inspire a ser parte activa de esta misión, a permitir que el Espíritu fluya a través de ti y a colaborar con un profundo sentido de comunidad en la edificación del cuerpo de Cristo. Tú también eres un portador del poder celestial, preparado para marcar la diferencia en este mundo. ¿Cómo puedes hoy hacer brillar el don que el

La Lluvia Tardía

Espíritu te ha confiado para la gloria de Dios y para el crecimiento de Su Iglesia?

Que el amor, la fe y la unidad sean siempre la marca de tu caminar cristiano.

Este estudio nos recuerda que los dones espirituales son **manifestaciones del Espíritu Santo**, otorgados por el Padre y guiados por el Hijo. Cada creyente tiene un papel fundamental en la misión global.

¿Cómo podemos asegurarnos de que estamos usando nuestros dones para la gloria de Dios y el crecimiento de su Iglesia?

La Lluvia Tardía

Capítulo 6: El descubrimiento de los dones espirituales

He caminado durante años en busca de la voz del Espíritu, y en ese profundo peregrinaje descubrí una verdad gloriosa: Dios ha colocado un don especial en cada creyente. Esta noción, tan sencilla en apariencia, es tan transformadora que cambió por completo mi visión del ministerio y mi forma de relacionarme con la Iglesia. No se trata solo de saber que existe un don, sino de descubrir cuál es el regalo único que el Espíritu ha depositado en nosotros y de ponerlo en acción para la bendición de otros.

"Pero a cada uno le es dada la manifestación del Espíritu para provecho" (1 Corintios 12:7).

Estas palabras me llenaron de esperanza y propósito. Comprendí que no hay un solo creyente sin regalo. Cada uno de nosotros ha sido capacitado para servir, para ministrar, para transformar realidades; para eso, el don no es un misterio escondido, sino una manifestación del mismo Espíritu que nos impulsa hacia la misión de Dios.

1. Principios Bíblicos sobre el Descubrimiento de los Dones
La Biblia nos enseña de forma clara que los dones espirituales no se ocultan en las sombras del desconocido, sino que están a la vista de quienes

tienen el corazón dispuesto a recibirlos y cultivarlos. En ese sentido, he aprendido que:

- **Cada creyente tiene al menos un don.** No existe persona en la familia de Dios sin la capacidad divina de compartir Su gracia, porque "a cada uno le es dada la manifestación del Espíritu para provecho" (1 Corintios 12:7).

- Los dones deben ser descubiertos y usados. Pablo nos exhorta:

"Por lo cual te aconsejo que avives el fuego del don de Dios que está en ti" (2 Timoteo 1:6). Esto me enseña que, si un don no es ejercido, corre el riesgo de ponerse inactivo, y es nuestra responsabilidad como creyentes mantener viva esa chispa mediante la oración, el estudio y la acción.

- **El descubrimiento de los dones requiere oración y discernimiento.** En momentos de quietud, cuando he pedido a Dios dirección, he recordado la enseñanza de Santiago:

"Si alguno de vosotros tiene falta de sabiduría, pídala a Dios, el cual da a todos abundantemente" (Santiago 1:5). Así, el camino para descubrir nuestros dones se hace de comunión íntima con el Padre, pidiendo sabiduría y permitiendo que el Espíritu nos guíe.

La Lluvia Tardía

- **Los dones deben ser confirmados en la comunidad de fe.** A través de la interacción con líderes y creyentes maduros, he podido ver cómo Dios da señales tangibles de Su obra en nuestras vidas. La advertencia de 1 Timoteo 4:14 me recuerda:

"No descuides el don que hay en ti, que te fue dado mediante profecía con la imposición de manos del presbiterio" (RVR1960). La Iglesia, como cuerpo, tiene un papel crucial en el reconocimiento y la activación de lo que Dios nos ha confiado.

2. Pasos para Descubrir los Dones Espirituales

Descubrir el don que Dios ha depositado en mí ha sido un proceso espiritual y práctico. Cada paso se ha convertido en un escalón de fe que me ha llevado a una mayor autoconciencia y compromiso con la obra divina:

- **Oración y Búsqueda Espiritual.** En innumerables momentos de soledad y rezo, he pedido al Señor que me revele el don que Él, en su infinita gracia, ha puesto en mí. Estas horas de comunión personal han sido fundamentales para aprender a escuchar la dirección del Espíritu Santo.

- **Evaluación Personal.** Me he detenido a reflexionar sobre las áreas en las que siento una pasión inusual y una eficacia natural. Me pregunto: ¿En qué actividades siento el respaldo de Dios? ¿Dónde encuentro paz y gozo al servir? Estas preguntas me han ayudado a identificar pistas divinas sobre mi don.

- **Confirmación en la Comunidad.** He buscado el consejo de líderes espirituales y de creyentes a quienes respeto y admiro. A través de su visión y reconocimiento, he podido confirmar aquellas áreas en las que mi testimonio y servicio parecen resaltar, evidenciando la obra del Espíritu en mí.

- **Prueba y Ejercicio del Don.** Finalmente, me he atrevido a participar activamente en diversos ministerios. He experimentado con diferentes formas de servir, observando dónde Dios me usa con mayor impacto. Incluso en los tropiezos, he aprendido valiosas lecciones que han pulido y fortalecido mi don, entendiendo que no hay mal aprendizaje cuando se actúa en obediencia.

3. Ejemplos Bíblicos de Descubrimiento de Dones

El relato de la historia bíblica es una fuente inagotable de inspiración. Pienso en personajes como:

La Lluvia Tardía

- **Moisés,** quien, a pesar de sus dudarías, fue llamado y equipado para liderar a Israel (Éxodo 3:10-12).

- **Samuel,** quien en su niñez aprendió a escuchar la voz de Dios, marcando el inicio de su discernimiento profético (1 Samuel 3:1-10).

- **Pablo,** unas de las transformadoras de su vida son evidentes tras su conversión (Hechos 9:15-20), y cuya pasión por la enseñanza se hizo un pilar para la edificación de la Iglesia.

- **Timoteo,** quien recibió su don a través de la imposición de manos, evidenciando que el contexto comunitario es fundamental para validar y activar ese regalo divino (1 Timoteo 4:14).

Cada uno de estos ejemplos me enseña que el descubrimiento de los dones espirituales es un proceso que no solo revela nuestra identidad en Cristo, sino que también nos llama a actuar con determinación, para que la obra de Dios se manifieste en nuestras vidas y a nuestro alrededor.

4. Contexto Histórico y Cultural
Durante la era grecorromana, los dones se entendían simplemente como habilidades naturales o talentos adquiridos por entrenamiento. Sin embargo, la revelación bíblica rompe con esa perspectiva

La Lluvia Tardía

limitada: los dones espirituales son manifestaciones sobrenaturales del Espíritu Santo. Hoy, muchas veces, todavía se confunde el talento humano con el auténtico don divino. La falta de discernimiento en identificar la obra genuina del Espíritu y una posible desconexión con la misión original de la Iglesia son desafíos que enfrentamos continuamente. Estas realidades me motivan a orar y a buscar una mayor claridad para discernir qué es verdaderamente de Dios.

5. Elena de White y el Descubrimiento de los Dones

Las palabras de Elena G. de White han sido una fuente constante de luz en mi jornada. En *El Conflicto de los Siglos* leí:

"Cuando los miembros de la Iglesia se consagran plenamente a la obra de Dios, el Espíritu Santo será derramado en medida abundante, y la obra de Dios avanzará con poder" (White, 1911, p. 601).

Y en El Camino a Cristo se destaca: "Cuando los miembros de la Iglesia trabajan en armonía, cada uno usando los dones que Dios le ha dado, el cuerpo de Cristo se fortalece y el evangelio avanza con poder" (White, 1892, p. 75).

Estas enseñanzas me han alentado a no sólo buscar el descubrimiento de mis dones, sino a ejercitarlos en comunidad, sabiendo que la verdadera fortaleza se halla en la unidad y en el servicio desinteresado que refleja el amor incondicional de Cristo.

La Lluvia Tardía

Al concluir este viaje de descubrimiento, me invito a ti, querido amigo o amiga, a detenerte y meditar sobre tu caminar espiritual. Algunas preguntas que me han servido a mí para auditar mi propia vida son:

Preguntas para Reflexión Personal:
1. ¿Has identificado los dones espirituales que Dios te ha dado y sientes palpablemente su presencia en tu vida?

2. ¿Cómo puedes usar esos dones para edificar la Iglesia y expandir el evangelio, impactando así a quienes te rodean?

3. ¿Estás dejando que el Espíritu Santo guíe tu servicio, o a veces dependes excesivamente de tus propias habilidades y conocimientos?

4. ¿Qué acciones concretas puedes emprender para evitar que el orgullo o la competencia enturbie la belleza de tu don?

Preguntas para Discernimiento Comunitario:
1. ¿Está nuestra Iglesia promoviendo el uso efectivo y equitativo de los dones espirituales entre todos sus miembros?

2. ¿Cómo podemos ayudar a los nuevos creyentes a descubrir, cultivar y poner en práctica los dones que el Espíritu Santo les ha confiado?

La Lluvia Tardía

3. ¿Estamos concentrando nuestros esfuerzos en permitir que la obra del Espíritu se manifieste libremente, en lugar de quedarnos atrapados en estructuras organizativas que limitan nuestro potencial?

Cada don es una joya única del Espíritu, un regalo divino que nos convoca a vivir de forma activa y transformadora. Al descubrir y ejercer nuestro don, no solo cumplimos con el llamado que Dios nos ha hecho, sino que también contribuimos a la edificación y unidad del cuerpo de Cristo. La tarea es desafiante y requiere de humildad, perseverancia y, sobre todo, una confianza inquebrantable en el poder del Espíritu Santo.

Que esta meditación te inspire a emprender el emocionante camino del descubrimiento de tus dones espirituales, y que al hacerlo, encuentres una nueva dimensión de servicio y amor en la misión que Dios ha encomendado a Su Iglesia. ¡Que el Espíritu te guíe y te fortalezca en cada paso de este maravilloso proceso!

Este estudio nos recuerda que **descubrir los dones espirituales es un proceso de oración, discernimiento y acción.** Cada creyente tiene un papel fundamental en el cuerpo de Cristo.

¿Cómo podemos asegurarnos de que estamos usando nuestros dones para la gloria de Dios y el crecimiento de su Iglesia?

La Lluvia Tardía

En mi caminar con Cristo, he aprendido que usar los dones espirituales de manera que glorifiquen a Dios y fortalezcan a su Iglesia es un proceso continuo de intimidad, discernimiento y madurez. La pregunta que nos hacemos – ¿cómo podemos asegurarnos de que estamos usando nuestros dones para la gloria de Dios y el crecimiento de su Iglesia? — me - me ha llevado a reflexionar profundamente sobre mi propia vida y ministerio.

Quisiera compartir contigo algunas consideraciones que, personalmente, me han ayudado a vivir conforme al propósito divino de cada don.

1. Nacer de Nuevo
Todo comienza desde la base misma de la relación con Cristo. Los dones espirituales no fluyen en el vacío; son para aquellos que han experimentado el nuevo nacimiento. Recordando las palabras de Pablo en Romanos 8:9:

"Y si alguno no tiene el Espíritu de Cristo, no es de él."

Si aún no has entregado tu vida a Cristo, todo lo demás se vuelve inalcanzable. La conversión es el punto de partida que abre el canal por el cual el Espíritu desciende sobre nosotros, otorgándonos no solo salvación, sino también la capacidad de servir con poder sobrenatural. Por mi experiencia, cuando descubrí que mi vida estaba completamente transformada por Cristo, comencé a ver ciertos impulsos y pasiones que antes parecían inexplicables, y entendí que esos eran los indicios de un don destinado a ser usado para Su gloria.

2. Cree que Tienes un Don

A menudo, la lucha interna surge cuando no reconocemos ni valoramos el don que Dios nos ha dado. La Biblia nos asegura en 1 Corintios 12:7:

"Pero a cada uno le es dada la manifestación del Espíritu para provecho."

Dios no excluye a nadie. Recuerda que sus promesas son para todos los que creen. Al creer que tú tienes un don, abres el corazón a la posibilidad de su manifestación. Hace algunos años, me costó aceptar que Dios podía haber depositado en mí un regalo espiritual, pero una vez que abracé esa verdad, noté una liberación interna y una apertura para recibir confirmación tanto personal como de otros en la comunidad.

3. Ora Pidiendo Discernimiento

La oración es el puente esencial que nos conecta con la fuente de todos nuestros dones. He experimentado momentos de oración intensa en los que clamo: "Muéstrame, Señor, cómo me has equipado para servir". Esa petición sincera es fundamental.
Santiago 1:5 nos exhorta:

La Lluvia Tardía

"Si alguno de vosotros tiene falta de sabiduría, pídala a Dios, el cual da a todos abundantemente."

Es en la quietud de la oración donde el Espíritu revela sutilmente cuáles son las áreas en las que Él trabaja en ti, y eso, a su vez, te ayuda a discernir tu don y a orientarte para usarlo correctamente.

4. Estudia los Dones con Profundidad

No basta con aceptar que tienes un don, sino que es necesario estudiarlo y comprenderlo a la luz de las Escrituras. Dedica tiempo a leer y releer pasajes claves como Romanos 12, 1 Corintios 12, Efesios 4 y 1 Pedro 4. Durante este proceso de estudio, he descubierto cómo otros creyentes han usado sus dones a lo largo de la historia y cómo esos mismos principios se aplican hoy. La profundización te dará una perspectiva más amplia sobre lo que significa verdaderamente ser un instrumento de Dios, y te ayudará a alinear tu ministerio con el plan divino.

5. Observa Tu Inclinación Natural

Dios, en su sabiduría, suele alinear nuestros dones con nuestras inclinaciones más profundas, esos deseos piadosos que nos mueven internamente. Reflexiona sinceramente sobre las actividades en las que sientes una atracción especial o en las que experimentas una sorprendente efectividad. En mi caso, siempre he sentido una pasión por el

La Lluvia Tardía

servicio y el acompañamiento espiritual, lo cual mi comunidad ha confirmado como un don de sensibilidad y cuidado que trasciende lo meramente humano. Esa inclinación natural es una huella divina que te guía hacia el ministerio que Dios ha preparado para ti.

6. Experimenta y Evalúa

No temas poner a prueba tu don en diferentes ámbitos del ministerio. La práctica es esencial para descubrir y perfeccionar cualquier habilidad espiritual. Al involucrarte en áreas diversas – ya sea en ministerios de acogida, en equipos de oración, en campañas evangelísticas, o en cualquier forma de compromiso práctico – podrás observar dónde sientes mayor plenitud, gozo y, sobre todo, impacto. He pasado por temporadas en que intentaba servir de varias maneras, y al ir evaluando, aprendí que algunas áreas aceleraban mi crecimiento y producción de fruto, mientras que otras me dejaban insatisfecho. Esta experimentación te ayuda a descubrir con claridad dónde Dios ha depositado tu don.

7. Escucha la Confirmación Externa

A menudo, aquellos que están cerca de nosotros pueden ver en nosotros dones que nosotros mismos no reconocemos. Permite que líderes espirituales y hermanos maduros te orienten y te den retroalimentación sincera. En mi experiencia, he recibido confirmaciones poderosas de otros creyentes que reconocen en mí el don de la enseñanza o de la exhortación, aun cuando yo dudaría de su existencia. Esta confirmación externa no solo válida lo que el Espíritu ha puesto en ti, sino que también fortalece tu determinación para ponerlo en acción.

8. Evalúate con Herramientas Prácticas
Hoy en día existen diversos cuestionarios y recursos espirituales que pueden ayudarte a identificar tus áreas de fortaleza. Utilízalos con una actitud de oración y humildad, combinándolos con una reflexión personal y dirección espiritual. Estas herramientas te permiten hacer un autoanálisis sincero y detectan patrones en tus talentos y en la respuesta de la comunidad ante tu servicio.

9. Sé Sensible al Fruto que Produces
El fruto de un don verdadero es visible. Si lo que haces edifica, sana, consuela o lleva a otros a Jesús, es un fuerte indicador de que estás usando tu don para la gloria de Dios. En mi vida, he visto que cuando mi servicio genera cambios positivos y transforma vidas, ese es el testimonio del fruto del Espíritu en acción. Esa bendición visible te confirma que estás en el camino correcto.

10. Persevera y Madura

Por último, es vital recordar que los dones no son estáticos; se desarrollan y maduran con el uso y el tiempo. Lo que hoy ves cómo una semilla puede convertirse en un árbol frondoso que da sombra y frutos en abundancia. Como en la parábola de los talentos (Mateo 25:14-30), usa lo que tienes y confía en que, al honrar a Dios, Él multiplicará esos regalos y te permitirá crecer en tu ministerio. La perseverancia es clave: sigue inmerso en la obra del Señor, aprende de cada experiencia y permite que tu don evolucione de manera que su impacto sea cada vez más eficaz.

En este proceso de descubrir y usar tus dones, te invito a meditar sobre las siguientes preguntas:

Preguntas para Reflexión Personal:
1. ¿Has identificado los dones espirituales que Dios te ha dado y sientes su presencia en tu vida?

2. ¿De qué maneras concretas puedes usar tus dones para edificar la Iglesia y expandir el evangelio en tu entorno?

3. ¿Permites que el Espíritu Santo guíe cada área de tu servicio, o a veces dependes en exceso de tus propias habilidades y conocimientos?

La Lluvia Tardía

4. ¿Qué medidas puedes tomar para evitar que el orgullo o la competencia nublen el propósito genuino de tu don?

Preguntas para Discernimiento Comunitario:
1. ¿Está nuestra Iglesia promoviendo el uso de los dones espirituales de forma justa y equitativa entre sus miembros?

2. ¿Cómo podemos ayudar a los nuevos creyentes a descubrir, cultivar y poner en práctica los dones que el Espíritu Santo les ha confiado?

3. ¿Estamos concentrando nuestros esfuerzos en permitir que la obra del Espíritu se manifieste libremente, en lugar de quedarnos atrapados en estructuras organizativas que limitan nuestro potencial?

Cada don es una joya única que el Espíritu coloca en nosotros para un propósito divino. Al descubrir y poner en práctica el regalo que Dios te ha confiado, no solo cumples con tu llamado personal, sino que también contribuyes a la edificación y unidad del cuerpo de Cristo, dando testimonio del poder transformador del Evangelio. Que esta meditación te inspire a embarcarte en el emocionante camino del descubrimiento de tus dones espirituales, y al hacerlo, a vivir una vida de servicio lleno de amor y compromiso con la misión de Dios. ¡Que el Espíritu

La Lluvia Tardía

te guíe, te fortalezca y multiplique tu don para la gloria de Dios y el crecimiento de Su Iglesia!

Capítulo 7: El desarrollo de los dones espirituales

He experimentado en mi camino espiritual que el descubrimiento de los dones del Espíritu es solo el comienzo de una travesía mucho más profunda. Imaginar que cada don es como una semilla sagrada que Dios ha depositado en nuestro interior me llena de asombro y esperanza. Pero, al igual que toda semilla necesita ser cuidada, nutricia y ejercitada para dar fruto, nuestros dones demandan dedicación, disciplina y crecimiento continuo. He aprendido que Dios no nos ha llamado a ser siervos pasivos, sino colaboradores activos en Su obra, y que cada don, cuando se cultiva, se transforma en un poderoso medio para edificar el cuerpo de Cristo.

1. Principios Bíblicos sobre el Desarrollo de los Dones

La Biblia nos enseña que los dones espirituales no son habilidades estáticas, sino herramientas vivas que deben madurar con el tiempo. Recuerdo la exhortación de Pablo en 2 Timoteo 1:6:

"Por lo cual te aconsejo que avives el fuego del don de Dios que está en ti" (RVR1960).

Esto me recuerda que, sin ejercicio, nuestros dones pueden volverse inactivos. Dios nos ha dotado de talentos no solo para conocer la verdad, sino para ponerla en práctica de manera tangible. Como dice 1 Pedro 4:11: "Si alguno ministra, ministre conforme al poder que Dios da".

Cree, pues, que cada vez que sirves, cada acto de amor y de entrega en el ministerio es un paso hacia el fortalecimiento de ese don. Pablo también nos anima a usar nuestros dones:

"Teniendo diferentes dones, según la gracia que nos es dada, usémoslos" (Romanos 12:6).

Estas palabras me han impulsado a no conformarme con un conocimiento teórico de mi don, sino a practicarlo, a permitir que se desarrolle y a aprender de cada experiencia.

Además, he comprendido que el crecimiento espiritual requiere humildad y constante aprendizaje. Proverbios 27:17 nos dice: "El hierro con hierro se aguza; y así el hombre aguza el rostro de su amigo".

Esta imagen me ha enseñado que la comunidad de fe es fundamental para perfeccionar y pulir nuestro don. Los amigos y líderes espirituales, que con sabiduría nos ofrecen corrección y aliento, son como ese hierro que aguza el hierro.

2. Pasos para Desarrollar los Dones Espirituales

El desarrollo de un don espiritual se ha convertido para mí en un proceso que involucra varias etapas interconectadas:

- **Ejercicio y Práctica:** No hay sustituto para la acción práctica. He aprendido a usar mi don en diferentes áreas de servicio, enfrentando momentos en los que, por temor a equivocarme, dudé, pero que luego comprendí eran lecciones necesarias para crecer. Cada error fue una oportunidad para aprender y refinar mi capacidad.

- **Capacitación y Aprendizaje:** Estudiar la Palabra de Dios me ha permitido profundizar en mi llamado. Al meditar en los pasajes bíblicos que tratan sobre los dones —Romanos 12, 1 Corintios 12, Efesios 4 y 1 Pedro 4— he visto ejemplos inspiradores de cómo otros creyentes pusieron sus dones en acción. Además, buscar mentores y guías espirituales ha sido vital para perfeccionar y comprender mejor lo que Dios me ha confiado.

- **Dependencia del Espíritu Santo:** He aprendido que orar constantemente es esencial para el crecimiento de mi don. Pido al Señor que me fortalezca, que dirija cada paso y que me permita ser un instrumento efectivo en Su obra. Es en esa dependencia

La Lluvia Tardía

del Espíritu que encuentro la confianza para actuar, sabiendo que no dependo únicamente de mis propias habilidades.

- **Evaluación y Crecimiento:** Reflexionar sobre el impacto de mi servicio me ha ayudado a ajustar mi enfoque. Preguntarme si mis acciones han edificado a otros y si mi ministerio ha sido fiel a la dirección de Dios me sirve de brújula. La retroalimentación de la comunidad y la observación de los frutos visibles en la vida de otros me confirman que estoy en el camino correcto, o me señalan áreas de mejora.

3. Ejemplos Bíblicos de Desarrollo de Dones

La Biblia está llena de ejemplos que han marcado mi corazón. Recordé cómo **Moisés**, a pesar de sus dudas y limitaciones, fue llamado por Dios y equipado progresivamente para liderar a Israel (Éxodo 3:10-12). También reflexioné sobre **Samuel**, quien en su juventud aprendió a escuchar la voz del Señor, desarrollando un discernimiento profético que lo marcó de por vida (1 Samuel 3:1-10).

El apóstol **Pablo** es otro testimonio poderoso. Su transformación en el camino a Damasco (Hechos 9:15-20) y su posterior dedicación a la enseñanza, que cimentó doctrinas fundamentales de la Iglesia, me recuerdan que un don, cuando se cultiva con compromiso y pasión, puede impactar generaciones enteras. De igual manera, **Timoteo** fue activado y fortalecido gracias al apoyo de aquellos que reconocieron en él el don otorgado por Dios (1 Timoteo 4:14).

Contexto Histórico y Cultural
Recordar la mentalidad del mundo grecorromano me ayuda a magnificar la diferencia que establece la enseñanza bíblica. En aquella época, los dones se consideraban simples habilidades naturales o destrezas que se podían adquirir o perfeccionar a través del entrenamiento. Sin embargo, la revelación de la Escritura nos muestra que los dones espirituales son manifestaciones sobrenaturales del Espíritu Santo, que requieren tiempo y dedicación para desarrollarse.

Hoy en día, la Iglesia aún enfrenta desafíos similares. Mucha gente confunde talento humano con el don divino, y en ocasiones, el temor a romper la comodidad o la pasividad conduce a que muchos no ejerciten sus dones para la edificación del cuerpo de Cristo. Esta desconexión con el llamado y la misión me impulsa a abogar por un compromiso renovado en la práctica y el desarrollo de nuestros regalos espirituales.

Elena de White y el Desarrollo de los Dones
Las enseñanzas de Elena G. de White han tenido un impacto profundo en mi vida y en mi entendimiento

La Lluvia Tardía

sobre cómo debemos cultivar nuestros dones. En *El Conflicto de los Siglos*, ella declara:

"Dios ha dado talentos y dones a cada creyente, pero es responsabilidad de cada uno cultivarlos y usarlos para Su gloria" (White, 1911, p. 601). Esto me ha recordado que no basta con poseer un don, sino que es imperativo trabajarlo, regarlo con oraciones y sepultarlo con estudios, para que crezca y dé frutos.

En *El Camino a Cristo*, White enfatiza: "El verdadero éxito en la obra de Dios no depende de la elocuencia humana, sino de la presencia del Espíritu Santo en cada esfuerzo" (White, 1892, p. 75). Estas palabras me motivan a reconocer mi dependencia total de Dios y a buscar siempre la guía del Espíritu en cada acción, sabiendo que sin Él, mi don se quedaría en meras palabras sin poder transformador.

Al finalizar esta meditación sobre el desarrollo de los dones espirituales, me detengo a reflexionar y te invito a hacer lo mismo:

Preguntas para Reflexión Personal:
1. ¿Has identificado los dones espirituales que Dios te ha dado y has sentido su llamado en tu corazón?

2. ¿Cómo puedes fortalecer y desarrollar esos dones para que sean una fuente de edificación para la Iglesia?

3. ¿Estás permitiendo que el Espíritu Santo dirija cada área de tu servicio, o a veces te apoyas demasiado en lo que consideras tus propias habilidades?

4. ¿Qué medidas prácticas puedes adoptar para evitar la pasividad y asegurarte de que tu don crezca y se transforme de una semilla en un árbol frondoso de bendición?

Preguntas para Discernimiento Comunitario:
1. ¿Está nuestra Iglesia promoviendo el desarrollo de los dones espirituales de manera equitativa y práctica entre todos sus miembros?

2. ¿Cómo podemos ayudar a los nuevos creyentes a descubrir y poner en práctica sus dones, para que la comunidad se beneficie de la diversidad que el Espíritu ofrece?

3. ¿Estamos concentrando nuestros esfuerzos en la obra transformadora del Espíritu Santo, en lugar de quedar atrapados en estructuras organizativas que frenan nuestro potencial?

Cada don es un regalo sagrado, un reflejo del poder y el amor de Dios en nuestras vidas, diseñado para ser cultivado con intención y pasión. Al comprometerte con el desarrollo de tu don, no solo creces en tu servicio personal, sino que también contribuyes a la construcción de un cuerpo de Cristo más fuerte, vibrante y en continua expansión. Que

La Lluvia Tardía

esta meditación te inspire a abrazar cada paso en el proceso de desarrollo de tus dones, a perseverar y a permitir que el Espíritu Santo multiplique y transforme cada acción para la gloria de Dios y el crecimiento de Su Iglesia. ¡Que el Señor te guíe, te renueve y te use poderosamente en cada etapa de esta emocionante travesía espiritual!

¿Cómo podemos asegurarnos de que estamos usando nuestros dones para la gloria de Dios y el crecimiento de su Iglesia?

En mi caminar diario con Cristo he experimentado que nuestros dones no son simples habilidades para exhibirnos, sino regalos sagrados que el Espíritu Santo nos confía para transformar vidas. Con el tiempo he aprendido que para asegurarnos de que estamos usando estos dones para la gloria de Dios y el crecimiento de Su Iglesia, es necesario cultivar una vida de fidelidad, excelencia y humildad. Quiero compartir contigo algunas verdades que han guiado mi propio ministerio y que, espero, te inspiren a poner en práctica lo que Dios ha depositado en ti.

1. Usa Tu Don con Fidelidad

Recuerdo bien la parábola de los talentos en Mateo 25:14-30: Jesús nos enseñó que los dones se multiplican al usarlos. Al igual que un sembrador que no riega su semilla, un don que no se pone en acción se marchita y pierde su potencial. Desde mis primeros pasos en el servicio, aprendí que no hay necesidad de esperar a sentirme "completamente preparada" para comenzar a usar mi don. Más bien, actué con lo que tenía, confiando en que cada experiencia me moldearía y fortalecería mi llamado. Esta convicción me ha llevado a ver que cada acto de servicio, por pequeño que parezca, es un testimonio del poder de Dios transformándose en nosotros para el beneficio de Su reino.

2. Entrénate con Excelencia
Aunque nuestros dones provienen del Espíritu, he descubierto que también requieren formación, estudio y práctica. Si Dios me ha dotado del don de enseñanza, me he comprometido a sumergirme en la Palabra y a estudiar metodologías pedagógicas para poder comunicar la verdad de manera clara. He encontrado que en cada libro de la Biblia y en cada reflexión espiritual, descubro herramientas que afinan mi capacidad para guiar a otros. Es un camino de crecimiento continuo en el que el esfuerzo diligente se honra y se multiplica, porque Dios aprecia un corazón comprometido.

3. Busca Mentores Espirituales
Hay momentos en los que me he sentido inseguro acerca de mi don, y ha sido en esos instantes cuando la sabiduría de líderes y hermanos maduros ha sido inestimable. Rodéate, como yo lo hice, de aquellos que han cultivado sus propios dones y comparten su experiencia con humildad. Escuchar sus consejos, ver su ejemplo y compartir mis avances me ha

permitido crecer en discernimiento y claridad. Confía en que el cuerpo de Cristo es una comunidad de amor y discernimiento, donde cada palabra y cada mirada comparten la verdad de Dios en medio de la oscuridad.

4. Pide Llenura Continua del Espíritu
He aprendido que el desarrollo de los dones no depende de técnicas humanas, sino de una vida diaria llena del Espíritu Santo. Es por medio de la oración constante, el estudio bíblico, el ayuno y la obediencia que abrimos las puertas para que el Espíritu refine nuestra capacidad de servir. Siento la diferencia de una constante comunión con el Señor: esa intencionalidad me ha transformado y me ha permitido experimentar una llenura que supera cualquier expectativa humana, recordándome que sin la presencia de Dios, nuestros dones carecen de su verdadero poder.

5. Evalúa Tu Fruto Constantemente
Cada tanto, me detengo a reflexionar sobre cómo mi don ha impactado a la comunidad. ¿He edificado la fe de quienes me rodean? ¿He glorificado al Señor con mis acciones? Evaluar el fruto de nuestro ministerio es crucial, pues lo que damos a los demás debe ser un reflejo del amor de Dios. En mi experiencia, ver el gozo y la transformación en la vida de otros ha sido la confirmación más grande de que estoy en el camino correcto. No dudes en ajustar

tu enfoque, siempre con humildad y en oración, cuando notes que es necesario crecer o cambiar.

6. Acepta la Corrección con Madurez
A lo largo de este viaje, he comprendido que crecer en nuestro don también significa estar dispuestos a recibir correcciones y consejos. Cada siervo que crece necesita ser moldeado, y he aprendido a agradecer los comentarios sinceros de aquellos que me han señalado áreas de mejora. La corrección, cuando viene de un lugar de amor y con el propósito de edificarnos mutuamente, es un regalo preciado. Recuerda que tu carácter y tu vida santa son los mejores canales para que el Espíritu opere en ti.

7. Mantén la Humildad
Nunca olvides que el don que posees no es algo que tú hayas ganado por mérito propio, sino un don del Espíritu. La verdadera fuerza de tu ministerio radica en tu rendición total a Dios. Como dice 1 Corintios 1:31: "El que se gloría, gloríese en el Señor." Esta humildad te libera y te permite ser una herramienta más efectiva, ya que reconoces que todo poder y eficacia provienen de la gracia del Creador.

8. Multiplica en Otros lo que Has Recibido
La madurez en el uso de un don no se mide solo por lo que uno ha desarrollado personalmente, sino también por la capacidad de capacitar y animar a otros. Cuando llegué a un punto en el que mi don había madurado, descubrí la alegría de formar discípulos, de compartir lo que había aprendido y de ver despertar en otros los dones que Dios había

depositado en ellos. Multiplicar lo que has recibido es el camino hacia un ministerio vibrante y expansivo. Enseñar y capacitar a otros no solo edifica la Iglesia, sino que también fortalece la unidad y el avance del evangelio.

Te invito a detenerte y meditar sobre estas preguntas en tu vida personal:
1. ¿Has identificado los dones espirituales que Dios te ha dado y sientes su llamado en tu corazón?

2. ¿Cómo puedes empezar hoy mismo a usar tus dones, aun con lo que tienes, para que florezcan en el servicio?

3. ¿Estás cultivando una relación diaria con el Espíritu Santo que te permita crecer en tu don, o te apoyas en tus propias capacidades sin buscar la llenura divina?

4. ¿Qué pasos concretos puedes dar para evitar el orgullo y la pasividad, y en cambio, mantener una actitud de aprendizaje y crecimiento constante?

Y en comunidad, reflexionemos juntos:
1. ¿Está nuestra Iglesia promoviendo activamente el desarrollo de los dones espirituales en cada uno de sus miembros?

La Lluvia Tardía

2. ¿Cómo podemos ayudar a los nuevos creyentes a descubrir y poner en práctica sus dones, de manera que se edifique a toda la comunidad?

3. ¿Estamos priorizando el ministerio activo y la obra del Espíritu Santo sobre estructuras rígidas que limitan el potencial de servicio?

Cada don es una joya que el Espíritu ha puesto en nuestras manos para un propósito eterno. Al desarrollar nuestras capacidades y poner en práctica lo que Dios nos ha confiado, no solo crecemos personalmente, sino que contribuimos al florecimiento de un cuerpo de Cristo más fuerte, unido y en constante expansión. Que esta reflexión te inspire a abrazar el desarrollo de tus dones con pasión, dedicación y una humilde dependencia en el Espíritu, para que todo lo que hagas glorifique a Dios y edifique Su Iglesia. ¡Que el Señor te guíe en cada paso de este maravilloso proceso!

La Lluvia Tardía

La Lluvia Tardía

Capítulo 8: El descubrimiento de los dones espirituales

Un Llamado a Cumplir la Voluntad de Dios
Desde el momento en que entregamos nuestra vida a Cristo, el Espíritu Santo nos sella con Su presencia y nos equipa con dones espirituales. Estos dones no son meros talentos o habilidades humanas, sino manifestaciones sobrenaturales que nos capacitan para servir en el Reino de Dios.

Sin embargo, hay una responsabilidad que recae sobre cada creyente: descubrir qué don o dones le han sido impartidos en el momento de su bautismo. No es suficiente recibirlos; debemos activarlos, desarrollarlos y usarlos para la gloria de Dios y el crecimiento de Su Iglesia.

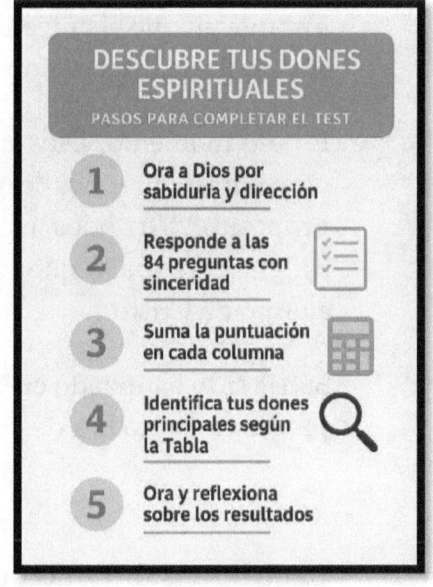

La Lluvia Tardía

Romanos 12:2 nos exhorta: "No os conforméis a este siglo, sino transformaos por medio de la renovación de vuestro entendimiento, para que comprobéis cuál sea la voluntad de Dios, agradable y perfecta."

Cuando descubrimos nuestro don espiritual y lo usamos conforme al propósito divino, entramos en la plenitud de la voluntad de Dios, esa que es buena, agradable y perfecta.

El Bautismo: El Punto de Partida
El bautismo no es solo un acto simbólico; es un momento de transformación espiritual. Es el instante en que el creyente declara públicamente su fe y recibe la impartición del Espíritu Santo.

En ese momento, Dios deposita en nosotros dones específicos que nos capacitan para cumplir Su propósito. No todos reciben el mismo don, pero cada uno recibe lo que es necesario para edificar el cuerpo de Cristo.

Si has sido bautizado en Cristo, ya tienes un don. La pregunta es: ¿lo has descubierto?

La Responsabilidad de Descubrir Nuestros Dones
Dios no nos obliga a usar nuestros dones; nos invita a descubrirlos y a ponerlos en acción.

La Lluvia Tardía

Muchos creyentes viven sin conocer el potencial que Dios ha depositado en ellos. Algunos dudan de que tengan un don, otros temen usarlo, y otros simplemente no saben cómo identificarlo.

Pero la Escritura nos llama a renovar nuestro entendimiento, a buscar la voluntad de Dios y a vivir en plenitud. Descubrir nuestro don es parte de ese proceso de transformación.

Pasos para Descubrir y Activar Nuestros Dones Espirituales

Si deseas conocer el don que Dios te ha dado, aquí hay algunos pasos clave que pueden ayudarte en este proceso:

4. Ora con Expectativa: La oración es el primer paso para descubrir nuestros dones. Pídele al Espíritu Santo que te revele cómo te ha equipado para servir.

   Santiago 1:5 nos dice: "Si alguno de vosotros tiene falta de sabiduría, pídala a Dios, el cual da a todos abundantemente." Dios no oculta Su voluntad; Él desea que conozcas tu propósito.

5. Estudia la Palabra de Dios: Los dones espirituales están claramente descritos en la Biblia. Dedica tiempo a leer pasajes como

La Lluvia Tardía

Romanos 12, 1 Corintios 12, Efesios 4 y 1 Pedro 4.

Al estudiar la Palabra, Dios abrirá tu entendimiento y te mostrará cómo los dones han operado en la historia de la Iglesia.

6. Reflexiona sobre Tu Pasión y Efectividad: Dios suele alinear nuestros dones con nuestras inclinaciones naturales. Piensa en las áreas donde sientes una profunda pasión y donde has visto fruto en tu servicio.

Si disfrutas enseñar y la gente es edificada por tus palabras, es posible que tengas el don de enseñanza. Si sientes una carga por interceder en oración y ves respuestas sobrenaturales, puede que tengas el don de intercesión.

7. Busca Confirmación en la Comunidad: A menudo, otros creyentes pueden ver en nosotros dones que nosotros mismos no reconocemos. Escucha la retroalimentación de líderes espirituales y hermanos maduros.

Si varias personas te han dicho que tienes un don específico, es probable que Dios esté confirmando Su llamado en tu vida.

8. Experimenta y Evalúa: No tengas miedo de probar diferentes áreas de servicio. La práctica es esencial para descubrir y perfeccionar cualquier habilidad espiritual.

La Lluvia Tardía

Sirve en diferentes ministerios y observa dónde sientes mayor plenitud y dónde ves mayor impacto. Dios te guiará hacia el lugar donde tu don florece.

9. Sé Sensible al Fruto que Produces: El fruto de un don verdadero es visible. Si lo que haces edifica, sana, consuela o lleva a otros a Jesús, es un fuerte indicador de que estás usando tu don para la gloria de Dios. Jesús dijo en Mateo 7:16: "Por sus frutos los conoceréis."

Si tu servicio está produciendo fruto espiritual, es una señal de que estás caminando en tu llamado.

10. Persevera y Madura en Tu Don: Los dones no son estáticos; se desarrollan y maduran con el tiempo. Como en la parábola de los talentos (Mateo 25:14-30), usa lo que Dios te ha dado y confía en que Él lo multiplicará.

Cumpliendo la Voluntad de Dios
Cuando descubrimos nuestro don y lo usamos para la gloria de Dios, entramos en la plenitud de Su voluntad.

No hay mayor satisfacción que saber que estamos caminando en el propósito divino, edificando la Iglesia y glorificando a nuestro Padre celestial.

La Lluvia Tardía

Si aún no has identificado tu don, hoy es el día para comenzar ese proceso.

Ora, estudia, reflexiona, busca confirmación, experimenta y observa el fruto. Dios te ha equipado con algo especial. No lo guardes, úsalo para Su gloria.

Que el Espíritu Santo te guíe en este hermoso viaje de descubrimiento y activación de tus dones. Que tu vida sea un testimonio vivo de la voluntad de Dios, buena, agradable y perfecta.

Cuestionario I

para descubrir los dones espirituales

El primer paso para descubrir los dones espirituales es echar un vistazo general a todos los dones y ver cuál de ellos llama la atención y cuál o cuáles de ellos se piensa que se tienen. El siguiente cuestionario puede ser de ayuda para lograr ese propósito.

Conteste *Si*, si cree que usted tiene ese don; *No*, si cree que no lo tiene; *Tal vez*, si cree que hay alguna posibilidad de que ese don sea el que el Espíritu Santo le haya concedido.

Dones	Si	No	Tal vez
Profecía	___	___	___
Servicio	___	___	___
Enseñanza	___	___	___

La Lluvia Tardía

Dones	Si	No	Tal vez
Exhortación	___	___	___
Dádivas	___	___	___
Liderazgo	___	___	___
Misericordia	___	___	___
Sabiduría	___	___	___
Conocimiento	___	___	___
Fe	___	___	___
Sanidades	___	___	___
Milagros	___	___	___
Discernimiento	___	___	___
Lenguas	___	___	___
Interpretación	___	___	___
Apostolado	___	___	___
Ayudas	___	___	___
Administración	___	___	___
Evangelismo	___	___	___
Pastorado	___	___	___
Celibato	___	___	___
Hospitalidad	___	___	___
Misionero	___	___	___
Intercesión	___	___	___
Exorcismo	___	___	___

La Lluvia Tardía

Tabla I

A continuación, escriba todos los dones a los que contesto Si o Tal vez. Léalos varias veces. Ore para que Dios le indique claramente si esos son sus dones espirituales.

Descubriendo Nuestros Dones Espirituales: Un Viaje de Revelación y Propósito

El Espíritu Santo ha otorgado dones espirituales a cada creyente, pero descubrirlos y activarlos es una responsabilidad personal y espiritual. No es un proceso automático ni un conocimiento que simplemente aparece; es un camino de búsqueda, oración y confirmación.

Cada don es una herramienta divina diseñada para edificar el cuerpo de Cristo y glorificar a Dios. No son talentos naturales ni habilidades adquiridas, sino manifestaciones sobrenaturales que nos capacitan para servir en el Reino.

Si hoy te preguntas cómo descubrir tu don espiritual, te invito a recorrer este camino con fe y expectativa. Dios desea revelarte el propósito que ha depositado en ti.

1. El Nuevo Nacimiento: La Puerta de Entrada
Los dones espirituales son exclusivamente para los miembros del cuerpo de Cristo. Quien no ha nacido

de nuevo no tiene dones espirituales, porque estos son impartidos por el Espíritu Santo a los hijos de Dios.

Jesús dijo en Juan 3:5: *"El que no naciere de agua y del Espíritu, no puede entrar en el reino de Dios."*

Si aún no has tenido un encuentro personal con Cristo, el primer paso no es descubrir tu don, sino entregar tu vida a Él. Solo aquellos que han sido regenerados por el Espíritu Santo reciben la impartición de dones para servir en el Reino.

Si ya has nacido de nuevo, entonces puedes avanzar en este proceso de descubrimiento.

2. Creer en los Dones Espirituales

Muchos creyentes viven sin activar sus dones porque no creen que Dios les haya dado uno.

Sin embargo, la Biblia nos asegura en 1 Corintios 12:7: *"Pero a cada uno le es dada la manifestación del Espíritu para provecho."*

Dios no excluye a nadie. Si eres parte del cuerpo de Cristo, tienes al menos un don espiritual.

Creer en esta verdad es fundamental. Dios te ha equipado con algo especial para Su gloria.

3. Orar Pidiendo Ayuda para Descubrir los Dones

El Espíritu Santo es el dador de los dones, y Él desea que los descubras. Si le pides en oración con sinceridad, Él te guiará.

Santiago 1:5 nos dice: "*Si alguno de vosotros tiene falta de sabiduría, pídala a Dios, el cual da a todos abundantemente.*"

Dedica tiempo a la oración, pidiendo revelación sobre tu don. Dios responderá.

4. Estudiar Acerca de los Dones Espirituales

Para descubrir los dones, es necesario conocerlos. Dedica tiempo a leer pasajes como:

- Romanos 12
- 1 Corintios 12
- Efesios 4
- 1 Pedro 4

También puedes estudiar libros y enseñanzas de autores cristianos que han profundizado en este tema. Cuanto más conocimiento tengas, más claridad tendrás sobre tu llamado.

5. Atención Especial a Cada Don
No te limites a los dones más visibles o populares. Cada don es valioso y necesario en el cuerpo de Cristo.

Dedica tiempo a estudiar cada uno de los dones espirituales y sus características. Dios puede haberte dado un don que no esperabas, pero que es clave para Su obra.

6. Reflexiona sobre Tu Inclinación Natural
Después de estudiar los dones, pregúntate cuáles te atraen más.

¿Sientes una inclinación especial hacia algún ministerio?

¿Te apasiona enseñar, servir, exhortar, interceder?

¿Hay áreas en las que te sientes naturalmente efectivo?

Dios suele alinear nuestros dones con nuestras inclinaciones espirituales. Escucha esa voz interna que te guía.

7. Experimentar los Dones
No basta con reflexionar; es necesario poner en práctica los dones.

La Lluvia Tardía

Si sientes inclinación por la enseñanza, prueba compartir un estudio bíblico. Si crees que tienes el don de servicio, involúcrate en actividades de ayuda.

La experimentación es clave para confirmar tu llamado. No tengas miedo de probar diferentes áreas de ministerio.

8. Evaluar la Satisfacción al Ministrar el Don

Cuando ministras un don, debes sentir gozo y plenitud.

Jesús dijo en Juan 15:11: *"Estas cosas os he hablado para que mi gozo esté en vosotros, y vuestro gozo sea cumplido."*

Si al ejercer un don sientes paz, alegría y satisfacción, es una señal de que Dios te ha llamado a esa área.

Si no sientes gozo, puede que ese no sea tu don, y necesites seguir explorando.

9. Identificar la Habilidad en el Ejercicio del Don

Los dones espirituales no solo producen satisfacción, sino que también vienen acompañados de habilidad.

Si tienes un don, lo ejercerás con facilidad y efectividad.

Si algo te cuesta demasiado y no ves fruto, puede que no sea tu don.

10. Confirmación por Parte del Cuerpo de Cristo

La confirmación externa es clave. Si tu comunidad reconoce tu don y es edificada por él, es una señal de que Dios te ha llamado a esa área.

Si varias personas te han dicho que tienes un don específico, es probable que Dios esté confirmando Su propósito en tu vida.

11. Evaluar el Impacto y la Bendición

El propósito de los dones es edificar la Iglesia. Si tu servicio está produciendo crecimiento, sanidad y transformación en otros, es una señal de que estás caminando en tu llamado.

Jesús dijo en Mateo 7:16: *"Por sus frutos los conoceréis."*

Si ves fruto en tu ministerio, es una confirmación de que estás usando tu don correctamente.

12. Paso Final: Ora y Pide Confirmación Regularmente

El descubrimiento de los dones no es un evento único, sino un proceso continuo.

Ora cada año pidiendo dirección. Pide a tu pastor o mentor espiritual que te ayude a evaluar tu crecimiento.

Dios puede añadir nuevos dones a tu vida con el tiempo. Mantente abierto a Su guía.

Conclusión: Un Llamado a Activar Tu Don

Dios te ha equipado con un don especial. No lo guardes, úsalo para Su gloria.

Si aún no lo has descubierto, hoy es el día para comenzar ese proceso.

Ora, estudia, reflexiona, experimenta y observa el fruto.

Que el Espíritu Santo te guíe en este hermoso viaje de descubrimiento y activación de tus dones. Que tu vida sea un testimonio vivo del poder de Dios en acción.

La Lluvia Tardía

El Camino hacia el Descubrimiento de los Dones Espirituales

Descubrir el don espiritual que Dios ha depositado en nosotros es un viaje que va más allá de un simple test o una evaluación personal. Es un proceso de revelación divina, crecimiento ministerial y confirmación dentro del cuerpo de Cristo.

Este test es solo una guía introductoria, un punto de partida para explorar el llamado que Dios ha puesto en tu vida. Sin embargo, el discernimiento espiritual, la experiencia en el ministerio y la confirmación comunitaria son esenciales para conocer plenamente tu don.

El Espíritu Santo no solo otorga dones, sino que también nos guía en su descubrimiento y desarrollo. A medida que servimos, oramos y buscamos dirección, comenzamos a ver con claridad cómo Dios nos ha equipado para Su obra.

La experiencia en el ministerio nos permite probar y perfeccionar nuestros dones. No basta con identificarlos; debemos ejercitarlos, permitir que maduren y observar el fruto que producen en la vida de otros.

La confirmación comunitaria es clave. Dios no nos llama al aislamiento, sino a la edificación mutua dentro de Su Iglesia. A menudo, los hermanos en la fe pueden ver en nosotros dones que aún no hemos reconocido. Escuchar la voz de la comunidad y

La Lluvia Tardía

recibir su afirmación nos ayuda a caminar con seguridad en nuestro llamado.

Por eso, este proceso no debe tomarse a la ligera. No es solo un ejercicio intelectual, sino una búsqueda espiritual profunda.

Si hoy te preguntas cuál es tu don, abre tu corazón a la guía del Espíritu Santo. Ora, sirve, escucha y permite que Dios revele Su propósito en tu vida.

El descubrimiento de tu don no es el destino final, sino el comienzo de una vida de servicio y crecimiento en el Reino de Dios. Que este camino te lleve a una mayor intimidad con el Señor y a una contribución significativa en Su Iglesia.

¡Que el Espíritu Santo ilumine tu camino y confirme en ti el llamado que ha puesto en tu vida!

La Lluvia Tardía

Cuestionario II

El siguiente cuestionario puede ser de mucha ayuda para descubrir los dones espirituales que Dios ha concedido. Basado en herramientas adaptadas de C. Peter Wagner, William McRae y Rick Yohn.

Marque
0 Si la respuesta es **completamente falsa**
1 Si la respuesta es **mayormente falsa**
2 Si la respuesta es parcialmente falsa o verdadera
3 Si la respuesta es **mayormente verdadera**
4 Si la respuesta es completamente verdadera

Es muy importante que conteste cada pregunta

1. 0 1 2 3 4 ¿Le gusta hablar con la gente y presentarle la voluntad de Dios para ellos?

2. 0 1 2 3 4 ¿Siente gozo cuando le piden que haga trabajos manuales especiales en su Iglesia?

3. 0 1 2 3 4 ¿Comprende en detalle las doctrinas bíblicas de la Iglesia?

4. 0 1 2 3 4 ¿Se siente capaz de consolar a alguien que esta perplejo o que sufre?

5. 0 1 2 3 4 ¿Administra bien su dinero de tal manera que puede dar libremente a la causa de Dios?

La Lluvia Tardía

6. 0 1 2 3 4   ¿Le gusta estar entre la gente y participar en sus actividades?

7. 0 1 2 3 4   ¿Se compadece y trata de ayudar a drogadictos, desahuciados, gente de la calle, etc.?

8. 0 1 2 3 4   ¿Descubre fácilmente nuevas verdades bíblicas por usted mismo?

9. 0 1 2 3 4   ¿Le es fácil elegir entre las distintas alternativas bíblicas para solucionar problemas complicados en la Iglesia?

10. 0 1 2 3 4   ¿Cree firmemente en las promesas divinas?

11. 0 1 2 3 4   ¿Se compadece por los que sufren enfermedades?

12. 0 1 2 3 4   ¿Contesta Dios sus oraciones en forma especial, a veces sobrenatural?

13. 0 1 2 3 4   ¿Percibe claramente la diferencia entre la verdad y el error?

14. 0 1 2 3 4   ¿Ha orado secretamente en algún idioma desconocido por usted?

15. 0 1 2 3 4   ¿Ha declarado en su propio idioma algún mensaje que ha sido dado en un idioma desconocido por usted?

La Lluvia Tardía

16. 0 1 2 3 4   ¿Se siente llamado por Dios para ser responsable por el cuidado y liderazgo del pueblo de Dios?

17. 0 1 2 3 4   ¿Le gusta ayudar a los dirigentes de la Iglesia para que ellos puedan dedicar más tiempo a asuntos esenciales para la Iglesia?

18. 0 1 2 3 4   ¿Se goza al solucionar problemas complicados de la Iglesia?

19. 0 1 2 3 4   ¿Siente gozo al compartir con otros la Palabra de Dios?

20. 0 1 2 3 4   ¿Le gusta la idea de visitar a los hermanos de la Iglesia regularmente?

21. 0 1 2 3 4   ¿Le agrada la idea de quedarse sin casar para dedicar todo su tiempo a la Iglesia?

22. 0 1 2 3 4   ¿Se interesa en buscar y encontrar a personas que no tienen comida o alojamiento?

23. 0 1 2 3 4   ¿Se adapta fácilmente a otras culturas?

24. 0 1 2 3 4   ¿Pierde la noción del tiempo cuando ora?

25. 0 1 2 3 4   ¿Cree que su fe es lo suficientemente fuerte como para poder arrojar al diablo de alguna persona posesionada?

La Lluvia Tardía

26. 0 1 2 3 4   ¿Siente que puede animar y fortalecer a los desanimados?

27. 0 1 2 3 4   ¿Le gusta participar en el orden y la limpieza de la Iglesia?

28. 0 1 2 3 4   ¿Le gusta leer comentarios bíblicos y estudiar a fondo pasajes difíciles de la Biblia?

29. 0 1 2 3 4   ¿La gente le busca a usted para que les aconseje acerca de sus problemas?

30. 1 2 3 4 ¿Da usted con mucha liberalidad objetos o dinero a la Iglesia?

31. 0 1 2 3 4   ¿Le gusta planear actividades para la Iglesia y llevarlas a cabo?

32. 0 1 2 3 4   ¿Es sensible a las necesidades de los ancianos y deshabilitados y procura ayudarles de alguna manera?

33. 0 1 2 3 4   ¿Se goza en buscar soluciones a problemas complicados en la Iglesia?

34. 0 1 2 3 4   ¿Estudia o lee bastante para aprender verdades bíblicas?

35. 0 1 2 3 4   ¿Lee la Biblia y ora varias veces todos los días?

36. 0 1 2 3 4   ¿Siente inclinación a orar por los enfermos?

La Lluvia Tardía

37. 0 1 2 3 4   ¿Cree que en el nombre de Dios, mediante la fe y la oración usted es capaz de alterar el orden natural de las cosas?

38. 0 1 2 3 4   ¿Puede discernir los motivos que mueven a la gente?

39. 0 1 2 3 4   ¿Ha sentido la necesidad de dar algún mensaje a la Iglesia en un idioma desconocido por usted?

40. 0 1 2 3 4   ¿Ha experimentado el entender algún idioma que usted no ha estudiado nunca?

41. 0 1 2 3 4   ¿Es capaz de iniciar un grupo de creyentes o consolidar algún grupo existente?

42. 0 1 2 3 4   ¿Le gusta ayudar en la oficina del pastor?

43. 40 1 2 3 4   ¿Puede predecir con exactitud el resultado de sus decisiones?

44. 0 1 2 3 4   ¿Se siente cómodo al pedirle a alguien que acepte a Jesús como su salvador?

45. 0 1 2 3 4   ¿Cree que le gustaría visitar a los intereses de la Iglesia y estudiar la Biblia con ellos?

46. 0 1 2 3 4   ¿Le es fácil pensar en no vivir el resto de su vida en intimidad con alguien del sexo opuesto?

La Lluvia Tardía

47. 0 1 2 3 4 ¿Se alegra cuando alguien le visita y le pide quedarse en su casa por algunos días?

48. 0 1 2 3 4 ¿Se siente cómodo entre gente de otra raza o nacionalidad?

49. 0 1 2 3 4 ¿Toma los pedidos de oración con mucha seriedad y ora por ellos en su hogar?

50. 0 1 2 3 4 ¿No tiene temor a la idea de estar frente a frente con un endemoniado?

51. 0 1 2 3 4 ¿Ha amonestado a otras personas produciendo corrección y arrepentimiento?

52. 0 1 2 3 4 ¿Siente satisfacción al realizar trabajos domésticos en la casa de Dios?

53. 0 1 2 3 4 ¿Le gusta compartir con otros sus descubrimientos o su entendimiento de la Palabra de Dios?

54. 0 1 2 3 4 ¿Encuentra fácil aplicar principios bíblicos a los problemas que se presentan en la Iglesia?

55. 0 1 2 3 4 ¿Le gusta animar a otros para que den dinero con liberalidad a la Iglesia?

La Lluvia Tardía

56. 0 1 2 3 4 ¿Se siente cómodo al delegar responsa-bilidades a otros?

57. 0 1 2 3 4 ¿Le gustaría pertenecer a un grupo de visitación a los encarcelados?

58. 0 1 2 3 4 ¿Le resulta fácil entender verdades bíblicas que son difíciles para otros?

59. 0 1 2 3 4 ¿Se siente seguro de conocer la voluntad de Dios para el progreso de la Iglesia?

60. 0 1 2 3 4 ¿Confía plenamente en el poder de Dios durante situaciones difíciles?

61. 0 1 2 3 4 ¿Se cree usted capaz de curar enfermos en el nombre de Dios?

62. 0 1 2 3 4 ¿Cree que Dios puede usarlo para realizar actos sobrenaturales?

63. 0 1 2 3 4 ¿Sabe cuando una persona es influenciada por Dios o por el diablo?

64. 0 1 2 3 4 ¿Ha hablado en algún idioma desconocido?

65. 0 1 2 3 4 ¿Le gustaría poder interpretar algún mensaje brindado en un idioma desconocido?

66. 0 1 2 3 4 ¿Es consultado por otros hermanos en cuanto a problemas eclesiásticos o doctrinales?

La Lluvia Tardía

67. 0 1 2 3 4 ¿Se preocupa por los necesitados y procura ayudarlos?
68. 0 1 2 3 4 ¿Se siente hábil al desarrollar planes y llevarlos a feliz término?
69. 0 1 2 3 4 ¿Prefiere dedicar su tiempo libre a compartir el evangelio con otros?
70. 0 1 2 3 4 ¿Le gusta la idea de tener que predicar en la Iglesia cada semana?
71. 0 1 2 3 4 ¿Cree que no se perdería de ninguna bendición si se queda sin casar?
72. 0 1 2 3 4 ¿Es "mi casa es su casa" su dicho favorito y lo practica constantemente?
73. 0 1 2 3 4 ¿Disfrutaría de la vida viviendo en un país extranjero?
74. 0 1 2 3 4 ¿Le gusta orar por la Iglesia constantemente?
75. 0 1 2 3 4 ¿Le agrada la idea de poder confrontar al demonio cara a cara y poder dominarlo en el nombre de Jesús?
76. 0 1 2 3 4 ¿Ha sido impresionado con mensaje especiales los cuales da a conocer sin importar las consecuencias?
77. 0 1 2 3 4 ¿Se siente cómodo obedeciendo órdenes en vez de darlas?

La Lluvia Tardía

78. 0 1 2 3 4 ¿Se siente capaz de explicar a otros claramente las enseñanzas bíblicas?

79. 0 1 2 3 4 ¿Le gusta animar a los inconstantes y desanimados?

80. 0 1 2 3 4 ¿Se siente conmovido y procura hacer algo cuando la Iglesia necesita ayuda financiera?

81. 0 1 2 3 4 ¿Siente que su influencia afecta a otros positivamente para trabajar por el Señor?

82. 0 1 2 3 4 ¿Le resulta muy difícil pasar por alto a algún limosnero?

83. 0 1 2 3 4 ¿Le resulta fácil el presentar alternativas a problemas sin tener que tomar posiciones?

84. 0 1 2 3 4 ¿Cree usted que domina completamente las verdades bíblicas?

85. 0 1 2 3 4 Por lo general ¿no se desanima cuando las cosas no andan bien en la Iglesia?

86. 0 1 2 3 4 ¿Ora usted de tal manera por los enfermos que estos sienten curación?

87. 0 1 2 3 4 ¿Ha realizado usted algún milagro por el poder de Dios?

88. 0 1 2 3 4 ¿Puede usted reconocer los dones espirituales en los demás?

La Lluvia Tardía

89. 0 1 2 3 4 ¿Le atrae la idea de poder hablar en lenguas?

90. 0 1 2 3 4 ¿Cree usted que los dones de lenguas e interpretación son realmente necesarios en estos días para la proclamación del Evangelio?

91. 0 1 2 3 4 ¿Son sus opiniones tomadas en serio y seguidas por el resto de los hermanos en la Iglesia?

92. 0 1 2 3 4 ¿Le gusta ir y distribuir literatura, revistas y folletos?

93. 0 1 2 3 4 ¿Prefiere presidir reuniones y trazar blancos en vez de ser sólo un participante?

94. 0 1 2 3 4 ¿Siente el deseo de hablar con incrédulos con el fin de ganarlos para Cristo?

95. 0 1 2 3 4 ¿Le emociona la idea de poder ser el pastor de su Iglesia?

96. 0 1 2 3 4 ¿Piensa usted que si se casara su familia le sería un estorbo para su ministerio en vez de una bendición?

97. 0 1 2 3 4 ¿Le gusta saludar a las visitas de la Iglesia e invitarlas a comer o incluso a dormir en su casa si es necesario?

98. 0 1 2 3 4 ¿Siente la necesidad de ser un predicador en otros países?

La Lluvia Tardía

99. 0 1 2 3 4 ¿Es la oración su ejercicio espiritual favorito?

100. 0 1 2 3 4 ¿Ha utilizado alguna vez el poder de Dios para arrojar al demonio fuera de alguna persona?

101. 0 1 2 3 4 ¿Es el progreso general del cuerpo de Cristo y la satisfacción de las necesidades de los hermanos una obsesión en su vida?

102. 0 1 2 3 4 ¿Siente mucha alegría y satisfacción cuando puede servir a alguien?

103. 0 1 2 3 4 ¿Le gusta enseñar acerca de la Biblia y siente que sus alumnos practican sus enseñanzas?

104. 0 1 2 3 4 ¿Siente el fuerte deseo de llamar la atención a los que están obrando incorrectamente?

105. 0 1 2 3 4 ¿Es usted capaz de conseguir grandes cantidades de dinero para la causa del Señor?

La Lluvia Tardía

106.   0 1 2 3 4   ¿Se siente capaz de reclutar a otros hermanos y ponerlos a trabajar a favor de la Iglesia?

107.   1 2 3 4 ¿Recorre fácilmente la segunda milla y pone la otra mejilla?

108.   0 1 2 3 4   ¿Otros líderes y dirigentes buscan por lo general su consejo y les hace entender claramente sus planes los cuales resultan ser una bendición para la Iglesia?

109.   0 1 2 3 4   ¿Es buscado por los demás hermanos para que les conteste sus preguntas e inquietudes?

110.   0 1 2 3 4   De las gracias cristianas, ¿es la fe una de sus favoritas?

111.   0 1 2 3 4   ¿Se preocupa por la salud física de sus semejantes y siente el deseo de hacer algo al respecto?

112.   0 1 2 3 4   ¿Ha sentido alguna vez el deseo y la fuerte inclinación de pedirle a Dios que efectúe algún acto sobrenatural para provecho de otro, creyendo que Dios contestará su pedido?

113.   0 1 2 3 4   ¿Percibe la presencia del mal antes que sea evidente?

114.   0 1 2 3 4   ¿Cree que el don de lenguas es necesario actualmente para la edificación del cuerpo de Cristo?

La Lluvia Tardía

115.   0 1 2 3 4   ¿Cree que sea necesario y beneficioso para la Iglesia el brindar mensajes en idiomas desconocidos e interpretarlos?

116.   0 1 2 3 4   ¿Ha sentido que es su deber llamarle la atención a algún administrador o dirigente de la Iglesia que no está obrando bien?

117.   0 1 2 3 4   ¿Le gusta la idea de ser maestro de una clase bíblica?

118.   0 1 2 3 4   ¿Se siente capacitado para presidir o supervisar al resto de la hermandad de la Iglesia?

119.   0 1 2 3 4   ¿Entiende claramente los pasos que llevan a una persona a la salvación?

120.   0 1 2 3 4   ¿Le gustaría organizar, planificar y supervisar todas las actividades de la Iglesia?

121.   0 1 2 3 4   ¿Se considera capaz de quedarse sin casar sin el temor de "quemarse"?

122.   0 1 2 3 4   ¿Tiene regularmente invitados a su mesa y a su casa?

123.   0 1 2 3 4   ¿No le molesta separarse de sus familiares por largos períodos de tiempo, o para siempre, con tal de predicar el Evangelio en otros países?

La Lluvia Tardía

124.   0 1 2 3 4   ¿Contesta Dios sus oraciones frecuentemente y en forma tangible?

125.   0 1 2 3 4   ¿Es atraído a situaciones donde hay endemoniados y es buscado para arrojar el demonio debido al uso que usted hace del poder de Dios?

Evaluación

En la siguiente tabla, el número de cada cuadro representa la pregunta del cuestionario.

- Anote en cada cuadro los números 0 al 4 de acuerdo a lo que usted contestó en cada pregunta.
- Sume los valores que dio en cada cuadro en las columnas horizontales.
- Coloque la cantidad bajo el cuadro que dice total. Es decir, sume el valor que dio a las preguntas 1, 26, 76, 101 y así sucesivamente.

La Lluvia Tardía

Tabla II

					Total	Dones
1	26	51	76	101	=	Profecía
2	27	52	77	102	=	Servicio
3	28	53	78	103	=	Enseñanza
4	29	54	79	104	=	Exhortación
5	30	55	80	105	=	Dádivas
6	31	56	81	106	=	Liderazgo
7	32	57	82	107	=	Misericordia
8	33	58	83	108	=	Sabiduría
9	34	59	84	109	=	Conocimiento
10	35	60	85	110	=	Fe
11	36	61	86	111	=	Sanidades
12	37	62	87	112	=	Milagros
13	38	63	88	113	=	Discernimiento
14	39	64	89	114	=	Lenguas
15	40	65	90	115	=	Interpretación
16	41	66	91	116	=	Apostolado
17	42	67	92	117	=	Ayudas
18	43	68	93	118	=	Administración
19	44	69	94	119	=	Evangelismo
20	45	70	95	120	=	Pastorado
21	46	71	96	121	=	Celibato
22	47	72	97	122	=	Hospitalidad
23	48	73	98	123	=	Misionero
24	49	74	99	124	=	Intercesión
25	50	75	100	125	=	Exorcismo

La Lluvia Tardía

Resultados

Circule en el cuadro de totales los números más elevados y coloque en la siguiente columna esos dones:

1. _____
2. _____
3. _____
4. _____
5. _____

Compare esta lista con la Tabla I.
¿Qué dones de la Tabla I que usted contestó "Si" se encuentran en la lista anterior?

1. _____
2. _____
3. _____
4. _____

Ahora anote los dones que, aunque no están en ninguna de las tablas o listas anteriores, usted piensa que le han sido conferidos por el Espíritu Santo:
1. _____
2. _____

La Lluvia Tardía

3. _____

4. _____

5. _____

Confirmación y Propósito: Reconociendo el Don que Dios te Ha Concedido

Los resultados que has obtenido no son meras coincidencias ni simples indicadores. Son una ventana a la obra que el Espíritu Santo ya está realizando en tu vida. Aunque estos resultados señalan áreas de alta posibilidad, hay una gran probabilidad de que estos sean algunos de los dones que el Señor te ha conferido para el adelanto y avance del cuerpo de Cristo.

Dios no otorga dones al azar. Cada habilidad espiritual que Él deposita en Sus hijos tiene un propósito divino: edificar Su Iglesia, fortalecer Su pueblo y extender Su Reino. Si hoy sientes una inclinación hacia ciertos dones, no lo ignores. Es posible que el Espíritu Santo esté confirmando Su llamado en tu vida.

Este es un momento de reflexión y acción. No basta con reconocer el don; es necesario activarlo, desarrollarlo y usarlo con fidelidad. Dios te ha equipado con algo especial, y el cuerpo de Cristo necesita lo que Él ha puesto en ti.

La Lluvia Tardía

¿Estás listo para caminar en tu propósito? Ora, busca dirección y permite que el Espíritu Santo te guíe en este proceso. Tu don no es solo para ti; es para la gloria de Dios y la edificación de Su Iglesia.

¡Que el Señor te fortalezca y te confirme en Su llamado!

La Lluvia Tardía

Epílogo: Preparados para la lluvia tardía

Este libro aborda la temática profunda de los dones espirituales, su descubrimiento, desarrollo y su importancia para la misión de la Iglesia en los últimos tiempos. Para fortalecer este trabajo con investigaciones y fuentes académicas, es útil respaldar los temas tratados con estudios teológicos y psicológicos que profundicen en los dones espirituales desde una perspectiva histórica, bíblica y práctica. A continuación, se presentan algunas áreas clave que se pueden reforzar con investigaciones:

1. Dones Espirituales: Una Base Teológica
Investigación Teológica: Citar estudios como *"Showing the Spirit: A Theological Exposition of 1 Corinthians 12-14"* de D.A. Carson, que aborda el papel de los dones espirituales dentro del cuerpo de Cristo, y cómo estos contribuyen a la unidad y la misión de la Iglesia.

Contexto Bíblico y Histórico: Además de los pasajes de 1 Corintios 12, podría incluirse la obra de **Gordon D. Fee** en *"Paul, the Spirit, and the People of God"*, que expone cómo Pablo ve a los dones espirituales no solo como habilidades, sino como manifestaciones del poder de Dios.

La Lluvia Tardía

2. La Lluvia Tardía y la Escatología

Teología Escatológica: Las referencias a la "lluvia tardía" y el derramamiento del Espíritu Santo están profundamente conectadas con la escatología cristiana. El concepto se puede enriquecer con estudios como los de **William McRae**, que explora la dinámica del ministerio y la acción del Espíritu en los tiempos finales, enfatizando su relación con la misión global de la Iglesia.

El Impacto del Espíritu en el Avivamiento: Este tema se puede fortalecer con las reflexiones sobre el avivamiento y los dones espirituales en la obra de Elena G. de White, como en "*El Conflicto de los Siglos*" y "*El Camino a Cristo*", que subraya la preparación espiritual de la Iglesia antes de la segunda venida de Cristo.

3. Desarrollo de los Dones Espirituales en la Comunidad

Discernimiento y Crecimiento Espiritual: La importancia del discernimiento y la evolución de los dones espirituales dentro de la comunidad puede estar respaldada por el trabajo de **Rick Yohn** en "*Discover your spiritual gift and use it*", que se enfoca en la evaluación práctica de los dones espirituales en el contexto de la vida comunitaria y eclesiástica.

Formación y Capacitación: Además, se puede referir a investigaciones sobre cómo el uso práctico y la capacitación en los dones espirituales son fundamentales para el crecimiento de la iglesia, tal como se aborda en *"The dynamics of spiritual gifts"* de William McRae.

4. La Unión y la Diversidad del Cuerpo de Cristo

Teología de la Unidad en la Diversidad: Los principios sobre la interdependencia en el cuerpo de Cristo pueden ser respaldados con investigaciones sobre cómo la unidad y diversidad de la Iglesia refuerzan su misión global, basándose en las enseñanzas de **John Stott** en *"La Iglesia Auténtica"*, donde resalta el valor de la unidad eclesiástica en la multiplicación de los dones.

Dimensión Práctica y Psicológica: Desde una perspectiva más aplicada, la psicología organizacional cristiana puede aportar insights sobre cómo fomentar la unidad y el uso colaborativo de los dones dentro de la comunidad, tal como lo expone C. **Peter Wagner** en *"Your spiritual gifts can help your church grow"*, que relaciona el uso efectivo de los dones con el crecimiento y la salud de la iglesia.

5. El Rol de la Iglesia en la Activación de los Dones

Prácticas de la Iglesia Primitiva: Referencias bíblicas y prácticas históricas de la iglesia primitiva, como las descritas en **Hechos de los Apóstoles**, pueden respaldar la comprensión del papel esencial de la Iglesia en la activación y el uso de los dones espirituales. El modelo apostólico puede ofrecer ejemplos prácticos de cómo estos dones son

La Lluvia Tardía

operativos en tiempos de crisis y necesidad, alineados con la misión de la Iglesia.

La promesa aún resuena en el eco de la profecía: Dios derramará su Espíritu sobre toda carne. La lluvia tardía está por caer, y quienes hayan descubierto, desarrollado y dedicado sus dones a la causa del evangelio, serán como antorchas encendidas en medio de la oscuridad.

Este libro no ha sido escrito para informar, sino para encender. No busca llenar tu mente solamente, sino movilizar tu alma. Porque los dones espirituales son una llamada al servicio, a la acción, a la entrega completa por amor a Cristo.

Mientras el mundo se sacude en crisis, guerras, engaños y frialdad espiritual, la Iglesia está llamada a brillar como nunca antes. Cada don, por pequeño que parezca, tiene un lugar en el plan eterno de Dios. Él no te salvó para que permanezcas pasiva, sino para que seas instrumento de salvación para otros.

Hoy es el tiempo de consagrarte. Hoy es el día para decir: "Señor, aquí estoy. Lléname, úsame, transfórmame". Si la semilla de este libro ha caído en tierra fértil, confía en que el Espíritu traerá crecimiento, poder, fruto... y fuego del cielo.

Que el soplo del Espíritu levante a una generación de creyentes ungidos, valientes y llenos del amor de Cristo. Y que la Iglesia del Dios viviente, adornada con los dones del Espíritu, proclame con poder las

La Lluvia Tardía

últimas buenas nuevas antes del regreso glorioso de nuestro Salvador.

La lluvia está por caer.
Estamos llamados a recibirla.

Amén.

La Lluvia Tardía

La Lluvia Tardía

Conoce el Autor

La Dra. Mariangeli Morauske es una figura distinguida cuya carrera multifacética abarca la academia, el liderazgo y la orientación espiritual. Con una profunda dedicación a la educación y al servicio, ha hecho contribuciones significativas en varios roles, incluyendo profesora, directora, decana académica y capellán.

Como autora prolífica, ha escrito más de 10 libros en áreas fundamentales como noviazgo, matrimonio, familias en crisis, salud, nutrición y teología, proporcionando herramientas prácticas y espirituales para la transformación personal y comunitaria. Su obra refleja su compromiso con el bienestar integral del ser humano, abordando temas esenciales desde una perspectiva fundamentada en la fe y el conocimiento.

Como profesora, la Dra. Morauske ha inspirado a innumerables estudiantes con su pasión por el conocimiento y su compromiso con la excelencia. Sus innovadores métodos de enseñanza y su profundo conocimiento de su campo le han valido el respeto y la admiración tanto de colegas como de estudiantes.

La Lluvia Tardía

Más allá de sus logros académicos, la Dra. Morauske se desempeña como capellán, brindando apoyo espiritual y orientación a los necesitados. Su enfoque compasivo y su fe inquebrantable han tocado la vida de muchos, ofreciendo consuelo y esperanza en tiempos de dificultad.

La vida personal de la Dra. Morauske es igualmente rica y satisfactoria. Es una esposa devota de su esposo, Daniel Morauske, y una madre amorosa de sus dos hijos. Su hija, Leilani, es enfermera registrada y educadora clínica y trabaja en un hospital de la reserva indígena Navajo en Arizona. Su hijo, Josiah, es un especialista en tecnología de la información que actualmente trabaja en Fort Worth, Texas. Equilibrando sus responsabilidades profesionales con sus compromisos familiares, la capacidad de la Dra. Morauske para nutrir y apoyar a sus seres queridos es un testimonio de su notable fuerza y carácter.

La Dra. Morauske tiene una Maestría en Psicología de Consejería de la Universidad Nacional, una Maestría en Ministerio Pastoral de la Universidad Andrews y un Doctorado en Medicina. Su diversa formación académica subraya su compromiso con el bienestar físico, mental y espiritual.

Su viaje de vida la ha llevado por todo el mundo, habiendo vivido en Israel, Puerto Rico, Venezuela, Colombia, México y actualmente reside en Alvarado, Texas. Estas experiencias han enriquecido

La Lluvia Tardía

su perspectiva y profundizado su comprensión de diferentes culturas y comunidades.

Por encima de todo, la Dra. Morauske se ve a sí misma como una sierva de Dios, dedicada a vivir una vida de propósito y fe. Su viaje es un testimonio del poder de la dedicación, el amor y el servicio, y continúa inspirando a quienes la rodean con su compromiso inquebrantable de tener un impacto positivo en el mundo.

La Lluvia Tardía

La Lluvia Tardía

Bibliografía

Biblia Reina Valera 1960. (1960). *Santa Biblia*. Sociedades Bíblicas Unidas.

Carson, D. A. (1987). Showing the Spirit: A Theological Exposition of 1 Corinthians 12-14. Baker Academic.

Fee, G. D. (1996). Paul, the Spirit, and the People of God. Baker Academic.

Friedrich, G. (1968). Theological dictionary of the New Testament, Vol. IX.

McRae, W. (1976). The dynamics of spiritual gifts.

Packo, J. E. (1975). Find and use your spiritual gifts.

Stedman, R. (1979). *Body life*.

Stott, J. (1992). *La Iglesia Auténtica*. Editorial Certeza.

Wagner, C. P. (1979). Your spiritual gifts can help your church grow.

White, E. G. (1892). *El Camino a Cristo*. Asociación Publicadora Interamericana.

White, E. G. (1898). El deseado de todas las gentes.

White, E. G. (1904). *Testimonios para la Iglesia*, t. VIII. Asociación Publicadora Interamericana.

La Lluvia Tardía

White, E. G. (1905). *Testimonios para la iglesia*, Vol. VIII.

White, E. G. (1911). *El Conflicto de los Siglos*. Asociación Publicadora Interamericana.

Valenzuela, A. (2005). *Los Dones Espirituales: Descubra su misión en el Cuerpo de Cristo*. Living Ministry.

Yohn, R. (1985). Discover your spiritual gift and use it.

www.ingramcontent.com/pod-product-compliance
Lightning Source LLC
Chambersburg PA
CBHW032004220426
43664CB00005B/140